AF247642

ÉLOGE

HISTORIQUE

DE

Napoléon premier,

EMPEREUR DES FRANÇAIS.

PAR M. RICARD, ci-devant doctrinaire, actuellement bibliothécaire de la ville , et chanoine honoraire de la métropole de Toulouse.

A TOULOUSE;

De l'Imprimerie d'Augustin-Dominique MANAVIT fils, rue Saint-Rome.

1805.

ÉLOGE

HISTORIQUE

DE

Napoléou premier,

EMPEREUR DES FRANÇAIS.

A Domino factum est istud, et est mirabile in oculis nostris. Psal. 117.

Cette œuvre ne peut être que celle du Très-Haut, et rien ne fut jamais si admirable à nos yeux.

A quelle des époques, même les plus mémorables de l'histoire, à quel signe plus éclatant, et si propre à nous manifester l'opération d'un Être tout-puissant et long-temps offensé, pourrions-nous plus justement appliquer ces paroles du roi prophète, qu'à l'étrange et fatal enchaînement de troubles et de calamités dont la France a été récemment affligée ?

Mais aussi quelle merveille plus digne à la fois de notre admiration et de notre reconnoissance, peut mieux remplir le sens et toute l'étendue de l'exclamation si énergique et si touchante de David, que l'instrument de salut suscité par la divine Providence pour opérer celui du peuple Français ! que le héros invincible et pacificateur qu'elle tenoit en réserve dans les trésors de sa sagesse et de son infinie miséricorde pour la consolation d'un grand peuple qu'elle avoit résolu de punir, mais qu'elle ne vouloit pas perdre, que lui rendoit encore cher le souvenir de la foi et de la piété de ses pères !

Quel tableau plus frappant pouvoit-elle offrir à nos yeux que celui des victoires éclatantes et si multipliées du jeune et vaillant Machabée que le Dieu d'Israël destinoit à ses enfans encore chéris malgré leurs infidélités passées, pour leur servir à la fois d'épée et de bouclier, pour être leur ange tutélaire et leur libérateur, pour les affranchir du joug de leurs ennemis et les sauver, par un prodige plus étonnant encore, de leurs propres fureurs !

Hélas ! c'étoient celles du plus fougeux délire qui agitèrent long-temps ces sociétés répandues sur presque tous les points de la surface de l'empire. Ces sociétés, dont la dénomination les invitoit si puissamment à concourir au repos de leurs concitoyens, mais devenues si propres à l'altérer, mais devenues si turbulentes, et à leur insçu les instrumens les plus efficaces de la haine de nos ennemis.

Jouet infortuné d'une multitude aveugle, sans frein, et presque toujours égarée par les intrigues des factieux, la France se voyoit privée de la consolation même dont ne manquent pas souvent les plus malheureux, dans leurs disgrâces, de celle d'une pitié judicieuse, séule capable de soulager l'infortune. Destituée de tout autre secours que de celui d'un petit nombre d'hommes éclairés et sages dont la crainte étouffoit la voix, et qui gémissoient à l'écart et en silence, la France sembloit conspirer contre elle-même, et obstinée à s'ensevelir sous ses propres ruines.

Ses annales ont-elles donc pu nous offrir, avant l'heureuse époque de sa délivrance, rien de plus merveilleux que la main dont le Tout-Puissant s'est servi pour la retirer du fonds de l'abîme où elle s'étoit précipitée, pour la faire renaître, pour ainsi dire, de ses cendres.

Fut-il donc jamais de prodige plus étonnant que l'aurore, et le lever de l'astre propice et salutaire dont le ciel si long-temps nébuleux, et courroucé a daigné faire luire enfin les rayons bienfaisans sur notre horizon politique pour y faire si promptement succéder aux jours les plus tristes et les plus orageux, des jours calmes et sereins ; pour y dissiper, par l'effusion de sa lumière et de ses bénignes influences, l'affreuse nuit qu'y avoient formée, au sein des orages et des tempêtes révolutionnaires, les chocs perpétuels , violens et impétueux de toutes les passions humaines ! Dieu seul peut-être l'auteur de tant de merveilles. *A Domino factum est istud.*

Mais ce n'est pas par des déclamations vagues et qui n'honorent ni le panégyriste , ni son héros , c'est par le seul témoignage des faits qu'on peut louer dignement les grands hommes.

Celui dont j'ai entrepris l'éloge et dont le panégyrique est écrit dans tous les cœurs français, n'aura jamais besoin que d'un historien exact et fidelle, pour offrir le plus beau, le plus grand et le plus rare de tous les spectacles aux yeux de la postérité.

Il suffira de retracer à nos descendans, par le récit le plus simple, tout ce que les contemporains n'ont pu voir sans éprouver l'admiration la plus tendre et la plus vive.

1.º Toutes les qualités et toutes les vertus politiques et militaires réunies dans un seul héros français pour la gloire et la prospérité de sa patrie.

2.º Le génie le plus rare se développant par les obstacles même dans la carrière la plus brillante et la plus épineuse, y gravant partout et à chaque pas son empreinte, et n'annonçant jamais que par l'éclat des succès ses vastes conceptions.

3.º Le mérite des services si souvent méconnu

(5)

ou sitôt oublié, parvenu sans d'autre protecteur que lui-même au faîte des honneurs.

Tel est le précis de l'éloge que je consacre
à la gloire du très-haut, très-puissant et
très-excellent prince NAPOLÉON BONAPARTE,
devenu par nos vœux unanimes Empereur des
Français, après avoir été le sauveur de la
France.

Heureux de pouvoir unir en ce jour solennel,
au nom de la religion dont il fut le restaurateur, les vœux les plus tendres de la piété
aux plus tendres accens de la reconnoissance!
je ne craindrai point de profaner, en le louant,
la chaire évangélique.

Ave, Maria.

PREMIÈRE PARTIE.

TOUT est sorti de l'ordre commun, et du
cours ordinaire des événemens de ce monde;
tout a offert à nos yeux l'image, et porté
l'empreinte du ciel irrité, dans les nombreuses
et sanglantes vicissitudes qui ont signalé la
révolution française, dans les fréquentes et
désastreuses éruptions du perfide et funeste
volcan dont une philosophie anti-chrétienne
s'occupoit, depuis plus d'un siècle, d'accumuler
les germes incendiaires sous le sol infortuné de
la France.

Nos descendans accuseront l'histoire d'exagération, lorsqu'elle voudra leur peindre avec la plus exacte fidélité les longs et cruels ravages qu'il y a causés ; ils ne trouveront pas dans celle du passé des motifs suffisans d'y croire.

Les fastes des siècles les plus orageux ne nous ont pas transmis la mémoire, et ceux de l'avenir ne pourront, ce semble, nous retracer que des foibles ébauches du déluge de maux dont nous avons vu inondée une terre célèbre par la douceur et la politesse de ses habitans, devenus tout-à-coup semblables à ceux des régions les plus sauvages. Souvent en proie à des guerres intestines, son sein n'avoit jamais été si cruellement déchiré par ses propres enfans. L'étendard de sa foi n'en avoit pas encore été arraché depuis qu'il fut arrosé du sang de ses apôtres et de ses martyrs : elle n'avoit jamais, depuis cette heureuse époque, subi la triste nécessité de voiler des ombres de la nuit et du mystère tous les symboles de sa religion sainte : son culte n'y avoit pas été impunément profané : elle n'avoit jamais servi de théâtre à tant de scènes d'impiété, à tant de forfaits et d'horreurs.

Une main toute-puissante et vengeresse y est donc devenue sensible à nos yeux, et les fidèles les moins clairvoyans y ont pu découvrir le glaive d'un ange exterminateur chargé par la divine justice de punir avec éclat des Israélites long-tems prévaricateurs, ingrats et rebelles. La moindre réflexion a dû leur suffire pour les convaincre qu'un renversement subit et inopiné des idées, des principes et des mœurs d'un grand peuple, ne peut être, sans offenser une raison saine et plus encore la vraie religion, attribué à des causes naturelles, fortuites et purement acciden- telles; que des hommes, jusqu'alors familiarisés avec la dépendance la plus respectueuse et la plus humble soumission à la voix de l'autorité, et qui ne s'en étoient emparés que pour l'exercer eux-mêmes avec une verge de fer et un despo- tisme barbare; que des hommes dépouillés par une soudaine métamorphose du caractère natio- nal, et tout-à-coup imbus de l'affreuse idée qu'ils rendoient gloire à Dieu et à leur patrie, par des actes sans cesse répétés de tyrannie et de férocité; que des hommes ainsi dénaturés, en un clin-d'œil, ne peuvent avoir été que les instrumens du ciel irrité par nos iniquités.

Mais j'entends ici la sagesse humaine m'inter- rompre, et me dire :

Le monde moral n'a-t-il pas offert, dans tous les âges qui en ont composé la durée, la même somme de vices ou d'erreurs sous des formes différentes? Qu'est-ce donc qui a si malheureu- sement distingué aux yeux du souverain Juge le siècle qui vient de s'écouler? Vous préviendrez, mon cher auditeur , ma réponse , en vous retraçant le souvenir de tous les excès d'aveuglement et de folie qui ont si spécialement caractérisé ce malheureux siècle , le plus effrontément irréligieux de tous ceux qui l'avoient précédé , et qu'on a osé cependant nommer le plus sage et le plus éclairé , parce qu'il fut le plus hardi à s'élever contre la science de Dieu.

Les plus simples et les plus ignorans , si leur raison et leur foi n'ont pas péri contre le même écueil et dans le même naufrage , découvriront la cause du juste courroux du ciel dans le libertinage le plus effréné de l'esprit uni par une alliance monstrueuse et inconnue de nos pères , à celui du cœur ; dans une extinction presque totale du flambeau de la foi ; dans un déchaînement presque universel des faux sages de ce siècle pervers contre les vérités jusqu'alors les plus révérées des fidèles ; dans cette licence si criminellement audacieuse d'opinions , de systèmes et de paradoxes les plus impies qui souilloient tous les entretiens, après avoir corrompu tous les genres d'écrire ; dans cette effroyable ligue des écrivains les plus célèbres par leurs talens , formée avec tant d'art , et soutenue avec une si opiniâtre fureur pour renverser les plus fermes appuis de l'auguste édifice dont Jésus-Christ est la pierre angulaire , le fondateur et l'architecte ; dans cette pitoyable

manie

manie de dogmatiser sans lumières et sans mission, qui n'apprend jamais qu'à blasphémer ce qu'on ignore, ou plutôt qu'on veut ignorer, et qui avoit infecté tous les âges, tous les sexes, tous les ordres de la société.

Les novateurs les plus audacieux avoient borné jusqu'alors leur audace à combattre quelques-uns des dogmes catholiques. Il étoit reservé au dix-huitième siècle de les attaquer tous à la fois, en cherchant à ébranler leur fondement le plus solide, et auparavant le plus respecté, celui d'une révélation divine si évidemment nécessaire, et si clairement démontrée. Que dis-je? Les principes mêmes de cette loi primitive que l'auteur de la nature grave de sa main dans le cœur de tout homme qui entre dans le monde, et dont l'observance est si essentielle au maintien de l'harmonie, de l'ordre et de la paix de toutes les sociétés humaines.

Siècle infortuné si fier de tes lumières, et qui te glorifiois tant du titre de siècle philosophe, quelle école tu as ouvert au vice! quel fléau pour les mœurs publiques! Quelle affreuse et fatale époque tu as formé dans l'histoire de la croyance et de la morale des peuples de l'europe! Nous ne te contesterons pas la gloire d'avoir hâté le progrès des sciences humaines : mais la foible et superbe raison des hommes ne pouvoit-elle donc pas s'arrêter à la borne que la foi lui prescrit, et respecter sans honte ses antiques barrières? Après avoir reformé quelques erreurs peu importantes, puisqu'elles ne menaçoient ni les autels, ni les trônes, falloit-il attaquer par un remède plus dangereux et plus funeste que le mal, la vérité même? Falloit-il qu'il n'y eût plus d'adorateurs sincères du vrai Dieu, afin qu'il n'y eût plus de superstition? qu'il n'y eût plus de véritable honneur, afin qu'il n'y eût plus des faux héros et de faux sages? qu'il n'y eût plus de principes, afin qu'il n'y eût plus de préjugés? qu'il n'y eût plus de vertu, afin qu'il n'y eût plus de faux dévots ni d'hypocrites?

Falloit-il n'élever l'homme aux yeux de son orgueil en lui paroissant étendre le domaine de sa raison, lui ôter des entraves salutaires dont il ne sentoit pas le poids, pour le traîner de doute en doute et d'incertitude en incertitude, sur une mer de systèmes sans ports et sans rivages, pour l'avilir et troubler son repos?

Falloit-il, après l'avoir fait errer au milieu de tant d'écueils, le livrer ensuite à lui-même entre un Dieu bon et propice aux pécheurs, qu'il n'ose plus invoquer, un Dieu vengeur qu'il ne veut plus croire, et l'affreux espoir du néant dont il ne peut pas même se saisir?

Falloit-il, pour le rendre plus libre et plus indépendant, relâcher tous les ressorts de cette police publique, dont l'heureuse stabilité dépend des idées et des conventions déjà reçues , déjà consacrées par les suffrages de dix-huit siècles ?

Falloit-il , pour agrandir la sphère de la liberté civile , inspirer à des citoyens si long - tems paisibles cette fierté turbulente et séditieuse dont les saillies ont été si désastreuses , et les écarts si tragiques ?

Funeste et à jamais déplorable philosophie ! c'est le coupable encens que tes insensés contemporains n'ont pas rougi de brûler au pied de tes autels , qui a provoqué la colère céleste , et comblé la mesure des iniquités du siècle que j'accuse.

Tous ceux qui envisagent avec les yeux éclairés du cœur , dont parle saint Paul , le torrent de calamités qui a menacé de submerger notre malheureuse patrie , en découvrent une des causes principales dans cette folle et criminelle admiration , dans cette aveugle et superstitieuse déférence si long-temps prodiguée à ces impies détracteurs de la religion et du culte de nos pères , à ces prédicateurs les plus intolérans , et les plus fanatiques de la tolérance , à ces docteurs prétendus , à ces maîtres imposteurs du genre humain qui , sous prétexte de l'affranchir de toutes les erreurs , lui avoient ravi la lumière seule capable de l'éclairer ; qui , en ôtant à la classe la plus ignorante le frein si utile et si salutaire des lois religieuses , l'avoient livrée à tous les excès et à tous les caprices des paſſions les plus fougueuses, et toujours les plus sanguinaires, quand elles sont mues par les conseils et animées par le souffle des factions.

Qui de vous, mon cher auditeur, s'il lui reste encore une étincelle de foi, peut avoir méconnu dans l'époque la plus frappante d'une révolution si féconde en catastrophes, la main invisible et toute-puissante qui élève et abaisse, qui soutient ou renverse à son gré les trônes les mieux affermis, et renouvelle la face des empires par des moyens impénétrables à la sagesse humaine ?

La sagesse divine, toujours admirable dans ses voies, prépare quelquefois de loin et en silence ceux qu'elle a réſolu d'employer à l'exécution de ses plus grands desseins. Nous en apercevrons sans effort les adorables traces, en continuant de marcher à la lueur du céleste flambeau qui nous a jusqu'ici éclairés, et après avoir adoré la main toute-puissante par qui tout existe ou disparoît ici-bas, nous adorerons la main libérale et magnifique du souverain maître de toutes les grâces excellentes et de tous les dons parfaits, dans les qualités brillantes et si rares dont il lui a plu de revêtir le jeune héros qu'il destinoit à régner sur la France et à combler l'abîme où elle étoit plongée, dans l'étonnante sagacité de ce génie si précoce assez

promptement développé pour devancer les tar-
dives leçons de l'étude et de l'expérience, dans
l'énergie non moins prématurée de ce grand
caractère que nous avons vu produire des fruits
dans la saison des fleurs, et montrer, dès le
commencement de son illustre carrière, la constance et la fermeté que les hommes du second
ordre ne doivent jamais qu'à la maturité de l'âge
et au progrès des ans.

La providence, qu'on nomme si souvent la
nature, sans songer à son auteur, cette puissance
inaccessible à nos sens, qui règle et dirige tout
ici-bas, et qui le destinoit à de grandes choses,
la providence le favorisa du plus précieux de
tous les avantages et du plus utile de tous les
secours, pour devenir un grand homme : elle ne
le fit pas naître au sein de l'opulence, qui eût
rendu peut-être inutiles au bonheur public les
dons qu'il en avoit reçus.

Les talens les plus rares et une fortune peu
analogue à sa naissance, lui méritèrent de bonne
heure une place dans ce prytanée français, dont
les élèves étoient regardés et chéris comme les
enfans adoptifs de la patrie, qui vouloit s'ac-
quitter en eux de ce qu'elle devoit aux vertus
de leurs ancêtres.

C'est du sein de cette école que je le vois
s'élancer dans la carrière militaire, la commencer
comme tous les autres s'estiment heureux de la

finir, obtenir, en y entrant, le rang et les honneurs qui sont le prix des plus honorables et des plus longs services, s'en montrer digne par la supériorité de ses talens, par l'éclat de ses succès, et en y comptant le nombre de ses victoires par celui de ses combats.

Un grand capitaine est toujours le présent le plus rare de la nature, ou l'ouvrage le plus pénible de l'art. Bonaparte le devient comme par des illuminations soudaines, et à la vue de la première armée qu'il commande.

Ce fameux héros qui mérita l'honneur de mêler ses cendres avec celles de nos rois, avoit puisé les principes de la science militaire, qu'il porta dans la suite à un si haut degré, dans les leçons et les exemples du célèbre Maurice de Nassau, qui eut à protéger contre une puissance alors si formidable, les foibles efforts d'une république naissante.

Ce guerrier si renommé par sa valeur, qui mérita d'être proclamé maréchal de France sur un champ de bataille par ses propres soldats, avoit contracté à l'école de Vendôme ce courage brillant qui le distingua de tous ses contemporains, et confondit tous les rivaux de sa gloire.

Le vainqueur de Fontenoi avoit appris dès ses plus tendres années, des Eugène et des Malboroug, et, dans un âge plus avancé, des Follard, cet art si justement admiré et si néces-

saire pour assurer les succès ou réparer les disgrâces, l'art de diriger les marches et les campemens,
qui rendit la plus glorieuse et la plus mémorable
de ses campagnes celle où il ne livra point de
combat.

Bonaparte n'a eu besoin, pour reproduire à
nos yeux les talens, les exploits et les succès
de tous ces illustres guerriers, d'autre maître ni
d'autre modèle que de lui-même.

Les vrais héros sont toujours au-dessus des
exemples : ils en donnent aux autres, et n'en
reçoivent de personne.

La conscience seule de ses talens, et le senti-
ment intime de son courage, lui font envisager
sans en être alarmé, quoiqu'à la fleur de son
âge, l'engagement solennel d'exécuter le plan le
plus hardi et la plus vaste entreprise, avec des
moyens que tout autre chef auroit jugé si foibles;
avec des bataillons mutilés et dépourvus, dispersés
sur nos frontières. Mais cetté foiblesse n'est
qu'apparente à ses yeux, et son courage s'enflamme par la pensée que ces débris ralliés et
soumis au joug d'une sage discipline, que ces
débris d'une armée de braves, presque tous
blessés, mais dont les honorables cicatrices, *ipso
pulchra loco*, attestent la valeur, que ces débris
sont ceux d'une armée française, et qu'ils peuvent encore devenir redoutables à nos plus fiers
ennemis. Les blessures que ces vaillans soldats

ont tous reçu en combattant avec la bravoure qui distingue si glorieusement les français, lui retracent le souvenir de l'inscription si simple mais si sublime que le grand Frédéric fit graver en l'honneur de ses guerriers invalides, sur le frontispice de leur hôtel, et qui ne convient pas moins à ceux dont Bonaparte va diriger la valeur : *læso militi, sed invicto.*

Il considère donc avec le flegme le plus tranquille, avec celui de l'intrépidité, l'obligation qu'il ose contracter, pour remplir ses hautes destinées et l'espoir de la France qui vient de lui confier les siennes ; il considère de sang-froid le devoir qu'il s'impose de triompher des ligues et des coalitions les plus formidables des peuples de l'europe les plus puissans et les plus belliqueux, des armées les plus nombreuses et le mieux aguerries, commandées par les chefs les plus habiles et les plus renommés.

Mais le courage suppléera-t-il toujours le nombre des combattans ? mais une entreprise, qui paroît si supérieure à ses ressources, sera-t-elle accompagnée du succès qu'il ose s'en promettre et que nous en attendons ? Mais pourquoi en douterions-nous, si le Dieu des armées combat avec lui ? Les instrumens de la divine providence sont-ils jamais foibles ? sont-ils jamais impuissans ? Constamment protégé par elle, constamment aidé des talens et du génie

qu'il

qu'il en a reçu, il ne trompera qu'en les sur-
passant nos vœux et notre attente.

Nous allons le voir étonner, par une tactique
jusqu'alors inconnue et dont les lois ne pouvoient
être observées que par le courage impétueux des
Français, ces vieux guerriers qui avoient blanchi
dans la poussière des camps, et le plus long-
tems étudié l'art terrible des combats, par cette
aptitude si merveilleuse, par cette habileté si-tôt
acquise, à faire mouvoir sans embarras, sans
trouble, sans confusion, et comme on meut un
seul homme, ces vastes corps, ces lourdes
masses qu'on nomme des armées, par ces calculs
et ces combinaisons si difficiles qui établissent
l'ordre le plus régulier et la plus constante harmonie dans les mouvemens qui doivent être
quelquefois si prompts et si rapides, de deux
cent mille bras.

Nous le verrons bientôt, avec l'admiration
qu'inspire la valeur unie à la prudence, décon-
certer, tantôt par la hardiesse et la célérité de
ses marches, tantôt par la sagesse des ses manœu-
vres, les vues les mieux concertées de ses
ennemis, et leur cacher si adroitement les
siennes que sa foudre ne les éclaire qu'en
tombant ; profiter de toutes leurs fautes, sans en
commettre lui-même aucune ; réduire à son gré,
en leur opposant des obstacles invincibles, les
légions les plus nombreuses à l'impuissance de

l'attaquer ou ne les combattre que pour les vaincre, sans jamais s'arrêter dans le chemin de la victoire, sans jamais se reposer après le gain d'une bataille sur ses propres trophées, mais disperser au loin, par des combats tous les jours répétés, ses ennemis vaincus, et les empêcher ainsi de trouver leur salut dans la fuite, même la plus prompte, et la plus sage retraite.

Les plus vaillans et les plus fameux capitaines avoient jusqu'alors borné leur ambition et leur gloire à voir fuir devant eux les armées qu'ils avoient eu à combattre. Ce n'est pas assez pour celui que je célèbre : il les ruine et les dissout en les dispersant ; on en voit à peine quelques vestiges après le combat. Il semble que l'Éternel et le vrai Dieu du tonnerre ait déposé sa foudre dans ses mains.

Mais on ne peut, sans le suivre pas à pas dans le cours de ses exploits, rendre à sa gloire militaire les hommages qui lui sont dus. En fut-il jamais de comparable à celle dont il se couvrit dans cette campagne à jamais célèbre, et qui fut cependant le premier essai de son génie et de ses talens guerriers ?

La postérité la plus reculée ne répétera-t-elle pas avec transport le brillant et unanime concert de louanges et d'acclamations dont retentirent la France et l'Europe entière, après l'avoir vu franchir presque en un moment des barrières que les plus illustres guerriers avoient jusqu'alors redoutées. Ses ennemis même ne se virent-ils pas contraints de lui payer leur tribut d'éloges, lorsque par des combats livrés et des victoires remportées sur les sommets les plus escarpés des plus hautes montagnes, aux approches des ponts et au bord des fleuves hérissés de foudres militaires, qui vomissoient au loin la terreur et la mort, on le vit marcher à pas de géant à la conquête de cette vaste et délicieuse contrée qui fut le berceau de l'empire romain, en forcer les boulevards, jusqu'alors regardés comme inexpugnables ; contraindre, par une invincible fermeté, par des nouveaux combats et des victoires nouvelles, à lui ouvrir ses portes, cette ville ou plutôt cette redoutable forteresse que la nature et l'art ont à l'envi concouru à protéger et à défendre par une enceinte de vastes inondations et des murs foudroyans ?

L'histoire des héros guerriers les plus célèbres peut-elle offrir à notre admiration plus de constance et d'intrépidité que n'en montra le digne chef des héros de l'armée française dans toute la durée d'un siége si long et si périlleux, où il vit tant de fois la mort voler autour de lui de rang en rang sous mille formes différentes, où les foudres si souvent répétés que lançoient contre lui ses ennemis, ne traçoient, comme

.ceux de l'Eternel, des sillons lumineux et effrayans dans les airs, que pour retomber avec fracas fur la terre aquatique et sablonneuse où il se vit forcé d'asseoir son camp; que pour la couvrir de membres mutilés; que pour porter dans tous les lieux où ils éclatoient le ravage et la désolation; que pour menacer les assaillans de trouver leur tombeau dans les fosses même qu'ils creusoient, et dans les tranchées qu'ils avoient élevées pour se garantir de leurs mortelles atteintes?

Si leur chef a dû paroître si grand au milieu des hasards de la guerre aux yeux des enfans de Mars, qu'il doit paroître aimable et intéressant aux yeux de ceux d'Apollon et des Muses, à tous les amis des lettres, dans tous les temps chéries de grands hommes dont elles éternisent la mémoire! Qu'il est en effet aimable et touchant aux yeux de ceux qui les cultivent, lorsqu'ils se le représentent occupé du soin de les ennoblir en les honorant par les plus solennels et les plus tendres hommages; qu'ils le voient rechercher avec tout l'intérêt qu'inspirent l'estime, l'admiration et l'amour, l'humble hameau et le toît modeste où nâquit l'illustre berger d'Andez et le cygne de Mantoue!

Il semble ne s'éloigner qu'à regret du sol qui le vit naître avant d'avoir pu y ériger un monument durable au plus grand et au plus chaste des poëtes qui illustrèrent les plus beaux jours du siècle d'Auguste et de l'empire romain.

L'Auguste et le Mocène de l'empire français n'abandonne un projet si digne du protecteur éclairé de tous les arts, que pour préparer le sujet des plus magnifiques éloges aux chants immortels de quelque nouveau Virgile, que la nature créera *peut-être* dans le cours et la suite des âges.

Les chantres les plus éloquens de la gloire des héros, trouveront la matière la plus féconde et la plus propre à enflammer leur verve et leur enthousiasme poétiques dans tous les détails de la vie militaire du héros de la France ; mais surtout dans les actes de prudence, de valeur et de fermeté qui signalèrent cette marche si merveilleuse par la multiplicité des obstacles vaincus ; cette marche qu'on n'a peut-être jamais assez louée, et qui transporta si promptement une armée nombreuse sur les terres du plus puissant et du plus redoutable de tous les souverains alors ennemis de la France.

Mais que vois-je ? et quelle transgression des principes les plus connus et des règles les plus communes de l'art militaire vient étonner mes regards, et m'alarmer sur la gloire de celui dont j'ai entrepris de célébrer les talens guerriers ?

Mantoue subjuguée vient de lui ouvrir les portes de cette ville fameuse dont la main du tems n'a pu encore effacer toute la grandeur passée ; qui, après avoir été la capitale du monde idolâtre, est enfin devenue celle du monde chrétien, et il refuse d'y conduire ses légions victorieuses qui le sollicitent d'y entrer, et il néglige une conquête si importante et si facile !

Ne craignez rien cependant, M. C. A., pour sa gloire ; on n'est jamais si grand que lorsqu'on se montre religieux et chrétien.

S'il refuse d'entrer dans Rome, s'il ordonne qu'on abaisse devant ses murs les drapeaux de la république triomphante, c'est un hommage qu'il veut rendre à cette ville sainte, devenue le premier siége de la vraie religion, et le centre de l'unité catholique ; c'est qu'il craint de profaner par le bruit et le tumulte des armes, par la licence des camps, le vénérable séjour du souverain pontife d'un Dieu de paix, dont il se fera bientôt gloire d'honorer par de magnifiques funérailles la dépouille mortelle, et les cendres déjà éteintes, par leur translation pompeuse dans le tombeau des saints confesseurs qui arrosèrent les premiers de leur sang le berceau du christianisme.

Le ciel semble vouloir récompenser des actes si multipliés et si édifians de respect et d'amour en faveur de l'auguste chef de cette religion sainte, par les succès les plus rapides, la sagesse et la valeur, dont le Dieu des armées est la source unique, et qu'il inspire au chef et aux soldats de celle de Napoléon, triomphent de tout ce qui paroît le plus difficile à vaincre, et c'est avec la promptitude et la célérité d'un voyage dont aucun obstacle ne suspend ou n'arrête le cours, que je le vois parcourir, avec de nombreux bataillons encore fatigués des travaux d'un long siége, des régions montagneuses, stériles et sauvages, qui ne lui offrent que des hauteurs escarpées, des ravins, des défilés, des lacs, des marais, des torrens à franchir, d'embûches à craindre, d'ennemis à combattre à chaque pas, et la faim même à braver chaque jour.

C'est à travers tant de difficultés sans cesse renaissantes, qu'il arrive à cette fameuse chaîne de monts et de collines qui servirent autrefois de barrière a l'empire romain, qui arrêtèrent si long-tems les hordes les plus intrépides des barbares sortis des marais de l'ancienne Scythie, des forêts de la belliqueuse Germanie, des glaces de la Kersonnèse cymbrique, et de la féroce Scandinavie.

Ceux de nos descendans qui liront les annales de la fin du dix-huitième siècle, ne balanceront-ils pas à croire que ce fut du haut de ces Alpes juliennes où Trajan et Marc-Aurèle ne furent pas toujours vainqueurs des Francs, des Teutons et des Marcomanes, qu'une armée française, commandée par un jeune héros, fit trembler la capitale de cette république de princes qui se vante de représenter la ville des Césars.

Leur chef auparavant si fier de ses vastes états et de ses nombreuses armées, maintenant consterné par des revers qui font chanceler sur sa tête les couronnes que ses ancêtres y ont entassées, leur chef éperdu ne songe plus à tenter le sort des armes et les hasards des combats : il n'attend plus que de la modération de son vainqueur une ressource à tous les maux dont il est menacé et aux dangers qui le pressent.

Sa confiance ne sera pas vaine : son espoir ne sera pas trompé.

Les vrais héros sont toujours avant comme après la victoire des héros humains et pacifiques.

Celui de la France, vainqueur et modeste tout ensemble offrira le premier au plus puissant de ses ennemis vaincus, l'olive de la paix qu'il pouvoit le contraindre à lui demander en suppliant, et la plus sanglante guerre sera terminée par un traité aussi honorable qu'utile à la France, dont il rétablira les anciennes limites et les bornes naturelles sans être un sujet ni de honte ni de douleur pour nos anciens ennemis, puisqu'il les consolera de la perte des villes et des provinces dont ils nous rendront l'antique domaine, par le généreux sacrifice de la portion de nos conquêtes

la

la plus propre à étendre leur commerce et à multiplier leurs richesses.

Des conditions si généreuses ne seront pas mêlées pour eux de l'amertume du soupçon ni souillées par les précautions ordinaires de la défiance, et leur vainqueur les étonnera bien plus par la loyauté noble et franche qui refusera des gages de leur fidélité, qu'il ne les a étonnés par sa valeur et les succès brillans dont le ciel l'a couronnée.

Cependant une si ample moisson de gloire, tant de lauriers cueillis en Europe ne sont-ils pas propres à inspirer l'amour et l'avidité des conquêtes ; et devrions-nous être surpris de le voir solliciter l'occasion de l'illustrer encore par d'autres dans des nouveaux climats ?

O vous, dont l'ambition insatiable ne dit jamais : *c'est assez*, mais répète sans cesse : *je monterai plus haut*, écoutez le langage d'un jeune héros qui n'a pas encore atteint son huitième lustre, dans cette exposition si simple et si modeste qu'il fait lui-même aux suprêmes administrateurs de la république, du glorieux traité qu'il vient de conclure où il ne parle de lui-même que pour y énoncer avec la candeur et la franchise des temps héroïques *qu'il a déjà acquis plus de gloire qu'il n'en faut pour être heureux*. Paroles mémorables et qui suffisent pour peindre à nos yeux l'âme toute entière du héros dont j'ai reçu l'honorable mission d'être le panégyriste, mais dont je ne puis être que l'historien fidèle !

Une guerre qu'avoient signalée tant de pénibles, tant de glorieux travaux, enfin glorieusement terminée, ne semble-t-elle pas devoir terminer aussi sa carrière militaire ? et sa patrie ne doit-elle pas regarder comme le plus doux et le plus sacré de ses devoirs, celui de le faire jouir, au sein d'un honorable repos, des fruits d'une gloire si chèrement achetée ?

Mais cette patrie plus éclairée, et jugeant mieux que nous de ses désirs et de ses sentimens, lui donnera un témoignage bien plus précieux de sa reconnoissance, secondera bien mieux les sublimes élans de son ambition et de son zèle patriotiques en ouvrant sur ses pas, et pour la servir encore, une carrière plus vaste, et bien plus difficile à parcourir.

Après avoir affronté tous les dangers dont les hommes peuvent être menacés sur l'élément qu'ils habitent, il manquoit à sa gloire de braver celui des orages et des tempêtes.

C'est à travers cet élément si cruel, si perfide, et dont un écrivain célèbre a dit avec tant de raison que le premier mortel qui osa lui confier sa vie, eut l'âme environnée d'un trible airain, c'est à travers cet élément qu'il ose, pour seconder les vœux et les intérêts de sa patrie, chercher dans des régions lointaines et peu connues, un nouveau théâtre de sa valeur et de ses combats ; qu'il vole d'abord sur les ailes des vents si impétueux et si bizarres quand ils soufflent sur des mers resserrées, qu'il vole à la conquête de cette île fameuse, ou plutôt de ce rocher brûlant qui peut foudroyer tout ce qui l'approche, et qui fit tant de fois pâlir le croissant infidèle, de ce rocher africain dont les maîtres et les défenseurs furent si long-temps des héros chrétiens, qui l'étoient encore, mais dont les plus judicieux, sans être moins braves, ne voulurent pas courir le risque de le combattre.

Une conquête si importante et si rapide, et qui eût été pour un autre chef si longue et si meurtrière, fut sans doute un heureux prélude et un augure favorable pour le succès du premier et du grand objet de sa mission : il n'en avoit cependant encore qu'entamé, pour ainsi dire, l'exécution hardie.

Un ennemi industrieux et brave, et dont une force supérieure secondoit l'industrie et la valeur, veilloit avec l'inquietude de la rage autour de lui pour arrêter le cours de ses victoires, et l'empêcher de parvenir au terme qui devoit les couronner.

Il falloit donc, après avoir appris en voya-

geant, comme l'apprit autrefois sur les mêmes
mers le vainqueur du dernier des Seleucides, il
falloit avoir appris comme Luculle, et aussi
promptement que lui, l'art si difficile et si com-
pliqué de maîtriser le caprice des vents, pour
rendre inutiles la vigilance et la supériorité d'une
armée navale ennemie, commandée par un chef
habile et irrité; il falloit tromper, par les plus
savantes ruses, sa longue expérience, pour
arriver avec l'immense attirail d'une flotte si
nombreuse, à ces rives toujours si orageuses
où il fut nécessaire de construire le premier
phare qui ait éclairé les mers et guidé les navi-
gateurs au milieu des sirtes et des écueils, vers
ces mers autrefois si fameuses par la multitude des
naufrages, vers ces plages si orageuses où le
grand Alexandre toujours avide de la gloire qui
naît des obstacles vaincus, voulut, pour immortaliser son nom, bâtir une ville digne de le
porter et de le transmettre à la postérité.

La haute renommée de notre héros, et la
terreur de ses armes avoient déjà vaincu, en
leur ôtant la force et le courage de hasarder
un long combat, ses nombreux ennemis; et
son armée, et l'élite des savans et des braves
dont elle étoit composée, ne put voir sans
étonnement nos drapeaux sitôt arborés sur les
remparts de l'ancienne capitale des Ptolomées.

Que de réflexions sur l'instabilité des choses

humaines et sur la caducité des empires les plus puissans, dut suggérer à des sages la vue d'une ville si étrangement déchue de sa splendeur, après avoir été autrefois, et si long-temps florissante, d'une ville autrefois la plus célèbre de l'univers par son commerce, son luxe et ses richesses, et surtout par son amour pour les lettres, les sciences et les arts qui pleurent encore la perte du monument si riche et si précieux que leur avoient érigé ses anciens rois, et qu'y livrèrent aux flammes l'ignorance que prescrit, et le fanatisme qu'inspire la loi du fameux imposteur de la Mecque.

Que de grands, que de tristes et chers souvenirs retracèrent à l'esprit des soldats chrétiens, les profondes ténèbres aujourd'hui répandues sur cette illustre métropole de l'orient où la lumière de l'évangile brilla long-temps d'un si grand éclat, qui produisit tant de héros du christianisme, où vécut si long-temps persécuté, par une secte nombreuse, puissante et irritée, où mourut, couvert de glorieuses cicatrices endurées pour la foi, le plus intrepide défenseur de son orthodoxie, *le grand Athanase.*

Mais quelle étrange vicissitude vient tout à coup s'offrir à ma vue et affliger mes regards !

La divine Providence, jusqu'alors si propice à notre héros, qu'elle avoit toujours conduit comme par la main dans les sentiers de la victoire, pour qui elle s'étoit plu à changer les obstacles en moyens, la Providence divine semble avoir retiré sa main bienfaisante et protectrice, et vouloir arrêter, par un obstacle imprévu, sa marche triomphante.

Une flotte, qu'une sage prévoyance avoit pourvue de tout ce qui pouvoit la rendre formidable, et dont l'équipement avoit presque épuisé les trésors de l'état; une flotte, qui sous les yeux et les auspices de NAPOLÉON eût été invincible, inopinément attaquée dans un lieu dont il avoit prévu le danger, et dans un temps où son plan et ses ordres étoient violés par un zèle indocile, ou trop peu éclairé, une flotte destinée à seconder ses efforts, et accélérer sa marche, subitement foudroyée sans pouvoir repousser les foudres dont on l'écrase par ceux que sur un autre champ de bataille, elle auroit pu lancer, disparoît en un moment sans laisser presque d'autres vestiges que des cadavres épars et des débris flottans sur ce triste rivage.

Fut-il jamais d'accident plus désastreux et si capable d'ébranler la constance du chef le plus ferme et le plus intrepide ? Mais celui des Français fut toujours inaccessible à ce désespoir pusillanime qui expose à tout perdre en croyant tout perdu.

N'attendez donc pas de lui l'abattement et

la consternation qui naissent d'une douleur commune.

Après avoir accordé les plus vifs, les plus tendres et les plus justes regrets à la valeur si malheureuse de tant de braves, si dignes de n'arroser de leur sang que les champs de la victoire, après avoir pleuré leur mort, il ne s'occupe que du soin de la venger par des combats et des triomphes nouveaux.

Dignes de marcher sous les drapeaux d'un tel chef dans les sentiers de la gloire, ses généreux soldats partagent avec lui son intrépidité et l'héroïsme de son courage.

Les premiers ans du siècle passé virent ceux de Villars jeter le pain qu'on venoit de leur distribuer, et dont ils n'avoient pas mangé depuis deux jours, au moment où ils reçurent l'ordre de marcher à l'ennemi.

Ceux de Bonaparte qui étoit né, comme le vainqueur de Dénain, pour commander des Français, ne sont alarmés, ni de l'extrême disète, ni de l'insalubrité des alimens qu'on peut trouver dans une terre aride et sabloneuse qui offre à peine de la pâture aux animaux, et qui ne les menace pas moins de périr par la soif que par la faim. Vainqueurs de l'une et de l'autre, ils arrivent, malgré les piéges que leur tend à chaque pas une milice perfide et féroce, ils arrivent aux portes de cette fameuse cité que le Nil protége en l'arrosant de ses eaux, et qui a pris la place de la superbe Memphis.

Les forces d'un vaste empire, aidées des talens et du génie de nos plus implacables ennemis, la défendent envain. Tout cède à celui du héros qui commande les Français, et les étendards de la grande nation flottent bientôt à la place de ceux des Musulmans, sur les murs, les tours et les mosquées d'une ville que le féroce Omar avoit décorée du nom de victorieuse, et le second des Mahomets de celui d'invincible.

La glorieuse conquête qui vient d'assujettir à la domination française le royaume des anciens Pharaons, a donc ouvert aux Français, par la mer d'Idumée, qui en baigne les côtes, un passage à l'océan Indien, où nos plus dangereux ennemis puisent depuis plus d'un siècle l'aliment de leur orgueil avec celui de leur opulence, et les moyens de troubler si souvent le repos de la France et de l'Europe.

Mais quoique son héros ait atteint, en se rendant maître de l'Égypte et de la mer qui la sépare de l'Asie, le but principal de la plus vaste entreprise qui ait jamais été conçue, la Providence ne lui paroît pas y avoir posé la borne de ses travaux guerriers.

Les grands capitaines, ceux qui ambitionnent la gloire de montrer autant de sagesse que de

valeur ,

valeur, s'occupent moins du soin de vaincre que de celui de conserver les fruits de leurs victoires, et c'est afin de prévenir le danger de perdre le fruit des siennes que nous allons le voir s'avancer à travers les déserts brûlans de la Syrie vers cette ancienne Ptolémaïde, autrefois conquise par celui de nos rois qui mérita le nom d'Auguste, pour la reconquérir et la faire servir de rempart au nouvel empire qu'il venoit de fonder.

Mais la divine Providence sème presque toujours de quelques épines la carrière des grands hommes pour les empêcher de méconnoître, ou d'oublier la lumière qui les éclaire et le bras qui les soutient.

Un fléau plus meurtrier dans ce moment qu'il n'a coutume de l'être, un fléau causé par les exalaisons et les vapeurs malignes qui s'élèvent de la mer de sables qui environne la place dont il a commencé heureusement le siége, ainsi que des eaux stagnantes qui baignent ses rivages, un fléau dépopulateur que l'intempérie de l'air qu'on y respire rend si commun dans cette malheureuse contrée, vient tout à coup exercer ses plus cruels ravages sur ses soldats déjà victorieux, et qui ne pouvoient cesser de l'être que par l'effusion subite et abondante des miasmes pestilentiels qui font circuler dans leurs veines un germe de mort et leur ôtent la force sans leur ôter le désir et la volonté de combattre et de vaincre.

Une flotte ottomane, nombreuse et dirigée par la science et l'industrie navale de la nation la plus ennemie de la France, vomit dans le même tems sur les côtes de l'ancienne Péluse et sur celles que le désastre récemment arrivé à notre marine a rendu si fameuses, de nombreux bataillons qui menacent la première, la plus importante et la plus précieuse de nos conquêtes.

La loi impérieuse de la nécessité le force donc de voler à l'extrémité opposée de l'Égypte déjà subjuguée, il est vrai, mais encore peu soumise.

Il y arrive à travers des obstacles sans cesse et à chaque pas multipliés, avec une armée affoiblie par une longue et pénible marche, mais qui retrouve de nouvelles forces dans son courage, et il n'a qu'à se montrer aux Ottomans ennorgueillis et fiers de l'union des étendards du croissant avec ceux d'Albion, et il n'a qu'à les combattre pour les vaincre, les disperser et les contraindre à chercher un asile dans les vaisseaux qui les ont portés des bords du Pont Euxin et du Bosphore de Thrace, à travers la Propontide et la mer Ægée dans celle du levant.

Mais, ô vicissitude des choses humaines! c'est

après avoir cueilli ces nouveaux lauriers qui furent arrosés du sang d'un jeune héros, digne rejeton de la race du moderne Follard, atteint d'un plomb homicide aux côtés et sous les yeux de son plus cher et plus illustre mentor; c'est après cette nouvelle victoire que NAPOLÉON apprend que les Français qu'il a toujours vus vainqueurs en Égypte sous ses auspices sont partout vaincus en Europe, et qu'il reste à peine à la France assez de défenseurs pour couvrir et protéger ses frontières.

L'amour de la patrie, qui pousse alors dans son cœur un cri tendre et terrible lui fait en un moment surmonter le regret si amer et si accablant de s'éloigner du théâtre de ses victoires les plus récentes et du chemin qui doit le conduire au terme de ses désirs et de ses espérances, pour accourir au secours de la France, pour la consoler de ses fréquentes défaites et lui rendre la paix dont il lui avoit laissé en la quittant des gages si honorables et si certains.

Un noble dépit et une colère consacrée par les motifs qui l'inspirent, puisque c'est l'amour d'un Français pour la France humiliée et souffrante qui l'allume dans son âme, ne lui permettent pas de calculer les dangers si grands et si multipliés que doit entraîner pour lui la course le plus hardiment solitaire et le plus périlleusement clandestine sur des mers couvertes de pavillons britanniques et par conséquent infestées d'ennemis bien plus dangereux que les disciples de Mahomet et du Koran.

Enfermé au milieu d'un violent orage dans une barque de pêcheur, le premier des Césars encourageoit autrefois le nautonier timide et effrayé, en lui disant que la nef la plus fragile qui portoit les destins de Rome pouvoit bien quelquefois chanceler, mais non jamais périr.

Plein de la même confiance et du même pressentiment de sa grandeur future, le héros de la France fondé, non comme celui des Romains sur l'ascendant aveugle et bizarre d'une divinité fantastique et imaginaire, mais sur la protection du souverain Dominateur des mers ainsi que des cieux et de la terre, BONAPARTE parcourra, sous les yeux et les auspices d'une Providence toute-puissante et attentive à son salut, une vaste mer semée d'écueils et souvent orageuse, et nous le verrons avec l'étonnement le plus vif et le plus tendre arriver sur un vaisseau foible et désarmé du fonds de la Palestine et du Delta, et des embouchures du Nil près de celles du Rhône, et dans ce port, autrefois le plus renommé de la Gaule narbonaise, mais qui a presque disparu sous les sables des mers qui en rendent l'abord plus difficile, et les pilotes plus incertains de la route qu'ils doivent tenir pour éviter le malheur d'un naufrage dans l'asile même où l'on a coutume de chercher son salut.

Après avoir si merveilleusement triomphé de tant de périls et baisé avec les doux transports de l'amour patriotique cette terre presque natale dont il doit être le sauveur, et comme pour en prendre possession au nom de sa patrie, il vole au centre et au foyer des troubles et des dissensions qui la déchirent, saisit d'une main ferme et sûre les rennes du gouvernement jusqu'alors flottantes au gré de toutes les erreurs, de tous les vices et de toutes les passions, abbat presque d'un seul coup les têtes sans cesse renaissantes de l'hydre des factions, les dissipe comme d'un clin d'œil, fait renaître subitement le calme du sein de la tempête, et ne craint point d'annoncer aux Français que les jours révolutionnaires sont enfin écoulés, *qu'il n'y a plus de révolution en France.*

Il en avoit déjà comprimé les perturbateurs en leur faisant éprouver eux-mêmes la terreur qu'ils avoient si long-temps inspirée : il avoit réduit nos plus dangereux ennemis domestiques à l'impuissance d'ourdir des complots nouveaux et de fomenter de nouveaux troubles.

Mais il lui restoit encore une tâche bien difficile à remplir, celle de réprimer, en les humiliant par des nouvelles défaites, les ennemis

du dehors si fiers de nos disgrâces récentes :
et que d'obstacles n'eut-il pas à surmonter pour
triompher dans ce moment de pénurie , j'ai
presque dit de découragement , des efforts com-
binés d'une ligue qu'il avoit autrefois abbattue ,
mais dont les succès récens avoient réveillé la
présomption et ranimé l'audace !

Quel est le monarque, même le plus puissant et le plus absolu, qui eût osé entreprendre ce qu'il va exécuter par le seul ascendant de l'estime et de la confiance ?

Tout paroissoit , dans cette grande entreprise , au-dessus des forces et de l'industrie
humaines.

Il falloit inspirer à un grand peuple long-
temps divisé par les préventions et les haines
que produit toujours la multitude des partis
et des factions, cette harmonie de volontés ,
cet ensemble d'efforts qui triomphent de tous
les obstacles. Il ose le tenter; il ose croire aux
vertus nationales des Français. Il se retrace leur
histoire et il apprend d'elle que rien de ce qui
ne sort pas de l'ordre des possibles ne doit
paroître douteux au chef d'une nation jalouse
de sa gloire, qui dans tous les temps où elle
a été menacée s'est imposée des devoirs plus
difficiles à remplir que ceux dont l'autorité lui
auroit fait une loi et un précepte , d'une nation
qui se plaît à se charger elle-même des chaînes

qu'on ne lui montre pas, et à suppléer par un dévoûment volontaire et libre, tout le pouvoir que ses maîtres ne lui font pas sentir.

Un si beau, un si rare, un si grand caractère national étoit nécessaire au chef de la nation française pour l'exécution du grand projet que son génie avoit conçu.

C'étoit celui de recueillir en un moment les foibles débris de nos armées, et d'en créer, pour ainsi dire, de nouvelles, de les former tout à coup à l'austère discipline des camps, et à tous les exercices militaires, de leur inspirer, comme par un espèce de prestige, la valeur et l'audace guerrières de ces vieilles bandes qu'une longue habitude de combattre a familiarisées avec les dangers des combats, et en faire des hommes infatigables et des soldats intrépides.

Quelle entreprise fut jamais plus hardie que celle de cet autre Annibal ? Il falloit, pour en obtenir le succès, renouveler par la constance et l'intrepidité des soldats récemment disciplinés les prodiges de hardiesse et de valeur du plus fameux capitaine dont ait parlé l'histoire des peuples les plus belliqueux, du plus redoutable adversaire que l'ancienne Carthage pût opposer aux plus habiles et aux plus vaillans guerriers de l'ancienne Rome.

Il falloit conduire une armée, non de vétérans endurcis aux fatigues militaires, mais d'hommes qui venoient de quitter pour la première fois leurs paisibles foyers. Il falloit les conduire à travers cette immense chaîne de montagnes qui bordent les fertiles campagnes de l'ancienne Gaule cisalpine où ils furent si souvent, réduits à la nécessité de se frayer des routes mobiles et chancelantes dans des sentiers entourés d'abîmes effrayans, à travers les précipices, les torrens, les anfractuosités causées sans doute par ces violentes secousses, par ces grandes convulsions de la nature qui menacèrent dans des temps reculés et inconnus, le globe terrestre d'un entier bouleversement.

Il falloit traîner, avec des bras peu exercés à manier de lourds fardeaux, une nombreuse artillerie, tantôt sur des pentes rapides et escarpées, d'où elle pouvoit rouler avec fracas et entraîner nos intrépides soldats dans sa chute, tantôt à travers des fondrières marécageuses et des ravins profonds qu'il étoit nécessaire de combler, tantôt sur des terres récemment éboulées ou sur des ruines qu'ils étoient obligés d'affermir pour les empêcher de se dérober sous leurs pieds et d'y creuser leur tombeau, tandis que des masses énormes de rochers confusément entassés et comme pendans sur leurs têtes menaçoient de les écraser et de les engloutir vivans dans le sein des abîmes.

Il falloit inspirer à des hommes, dont la

plupart

plupart n'avoient jamais voyagé que par des chemins commodes, à des hommes chargés du poids de leurs armes qu'un grand nombre portoit pour la première fois, la force et le courage de gravir ces monts dont le seul aspect arrête ou suspend la marche du voyageur le plus hardi, ces monts dont les sommets sourcilleux, si fièrement élancés dans les nues et couverts de glaces éternelles semblent intimer de loin aux hommes la défense de les franchir.

Il falloit faire descendre, comme du haut des airs et de la région du tonnerre, une armée nombreuse avec l'énorme attirail militaire dont elle a besoin pour atteindre, par la voie la plus courte, nos ennemis, les combattre et les vaincre, dans ces mêmes plaines devenues si fameuses par la première défaite qui alarma les Romains, et récemment par celle des Français impatiens de laver dans le sang de leurs vainqueurs la tâche dont la Providence avoit permis que leur ancienne gloire fût un instant ombragée, que leurs anciens lauriers fussent pour un moment flétris.

Il falloit que leur chef marchât constamment à leur tête, qu'il fût pour eux le modèle de l'intrépidité, qu'il repoussât tous les conseils que l'affection rendoit timides, et qui ne tendoient qu'au salut et à la conservation des jours du général ; qu'il persévérât dans la généreuse habitude d'en être prodigue, et d'abandonner le dernier de tous le champ de bataille, pour rappeler sous nos drapeaux, aux champs de Marengo, la victoire infidèle et fugitive à ceux de Novi, et prouver encore une fois à l'Europe que la valeur française peut être quelquefois malheureuse, mais jamais affoiblie, et encore moins abattue.

C'est ainsi, c'est par tous ces prodiges de dévoûment, de constance et de courage, que Bonaparte acquit la gloire de réparer en un jour toutes les disgrâces causées par son éloignement, et de pouvoir adresser au sénat français les mêmes paroles que le célèbre conquérant des Gaules, voulant imiter par la rapidité de son style celle de ses exploits, adressoit autrefois au sénat de Rome : *Veni*, *vidi*, *vici* : Je suis venu, j'ai vu, j'ai vaincu.

Que de merveilles n'aurois-je point à offrir encore à votre admiration, si je voulois parcourir toute la carrière militaire de mon héros ; mais je n'aurois qu'ébauché son éloge, après l'avoir parcourue toute entière, et retracé à votre souvenir tout ce que la renommée a publié de ses exploits guerriers. Les champs de bataille ne sont pas les théâtres principaux de la gloire des grands hommes, et leurs panégyristes ne sont pas dignes d'un si noble ministère, si leur admiration ne s'éveille qu'au bruit des ravages et des incendies, des troubles et des calamités, des fracas et des bouleversemens qu'entraîne le fléau de la guerre.

Toujours prêts à braver ses fatigues et ses périls, les hommes dignes du nom de grands ne la font jamais sans regret, et sans déplorer ses funestes suites : ils préfèrent toujours à la gloire de la faire heureusement, celle de la terminer ou de la prévenir : il sont les premiers à arroser de leurs larmes les palmes qu'ils cueillent dans ces champs de carnage et d'horreur, où deux corps robustes, puissans et irrités ne s'entrechoquent que pour s'entredétruire, et se noyer dans des fleuves de sang.

Les vrais héros, ceux qui n'ont jamais pu se former qu'à l'école d'une religion qui élève à la fois l'esprit et le cœur, les pensées et les sentimens, ne cessent jamais d'être humains et pacifiques ; ils n'ont pas combattu pour n'établir leur domination que sur des campagnes ravagées et des déserts ensanglantés ; que pour ne laisser après eux, comme les torrens, que des traces lugubres de leur passage. Leur ambition la plus chère est celle que Napoléon s'est toujours glorifié de montrer ; c'est celle de mériter et d'obtenir, comme lui, par le noble usage qu'ils font de la victoire, l'amour et les bénédictions des mêmes peuples dont ils furent long-tems la terreur.

Animés du même esprit que ces illustres frères suscités par le Dieu d'Israël pour être les défenseurs de son peuple élu, ils ne se croient invincibles que parce qu'ils ne combattent qu'au nom du Seigneur, qu'ils n'attendent que de sa protection le succès de leurs armes, et qu'ils sont toujours disposés à lui en rapporter la gloire.

Quand, après un combat opiniâtre et sanglant, on venoit annoncer au grand Turenne.......... Dignes compagnons de celui qui l'a constamment imité, et souvent surpassé son modèle, prêtez une oreille attentive à ce que je vais vous raconter, et qui va vous apprendre que les vertus chrétiennes, loin de flétrir, rehaussent l'éclat des vertus militaires ; que le christianisme ennoblit toutes les actions de l'homme, et que c'est spécialement à la défense d'une religion si sainte et si sublime, que vous devez appliquer la maxime si familière aux officiers et aux soldats français, celle de vaincre ou de mourir.

Lorsqu'après une bataille sanglante on venoit annoncer au grand Turenne que l'armée ennemie, déconcertée par la sagesse de ses dispositions, et découragée par l'intrépidité de ses soldats, ne combattoit plus que foiblement ; que ses aîles flottantes au premier choc, et dispersées au second, ne laissoient plus au centre déjà ébranlé que la ressource de la fuite; dans ces momens d'ivresse qu'inspire la certitude de la victoire, et où les âmes communes se livrent aux transports d'une joie effrénée, on vit plus d'une fois ce grand capitaine prosterné dans la boue et les yeux levés au ciel ; on l'entendit plus d'une fois s'écrier, en présence de ceux qui s'empressoient de le proclamer vainqueur : *Ah! mes amis, il y a encore assez de tems pour être battus, si le Dieu des batailles cesse un instant de nous protéger et de nous soutenir.*

Je viens de vous rapporter, Messieurs, les propres expressions du grand Turenne. J'ai cru ne devoir y rien changer, pour ne pas en affoiblir la noble et touchante simplicité.

Il en est des chefs des empires comme de ceux des armées. Leur gloire est incomplète, et l'histoire trouve un grand vide à remplir dans celle de leur règne ; leur grandeur s'éclipse et disparoît avec eux, s'ils n'ont pas été grands par leurs vertus religieuses, par celles qui contribuent toujours le plus efficacement à la félicité publique, dans les états que la providence leur a confié.

Les plus dignes des hommages de leurs contemporains et de la postérité, ne sont pas ceux dont le front a été le plus souvent couronné des lauriers de la victoire, mais dont le zèle sans cesse enflammé par les conseils de la religion, a été le plus ardent et le plus infatigable pour rendre leurs peuples heureux.

Les exploits les plus éclatans ne sont pas le signe le plus certain du véritable héroïsme. La valeur d'un moment peut faire un héros guerrier; mais c'est le courage de tous les jours, de toutes les heures et de tous les instans, qui fait un grand homme, et c'est ce courage ferme, constant et inébranlable, qui a distingué de tous les autres souverains Napoléon premier, dans le gouvernement intérieur de l'empire qu'il a fondé.

DEUXIÈME PARTIE.

APRÈS avoir constamment bravé les efforts de l'Europe entière conjurée pour la ruine de la France, et garanti ses frontières, ses villes et ses provinces de la puissante coalition qui, feignant de vouloir les protéger et les défendre, ne cherchoit qu'à les envahir;

Après avoir créé, par le seul éclat de sa renommée, comme autrefois ce fameux chevalier castillan qui mérita d'être surnommé le Cid, après avoir créé des armées toujours victorieuses sous ses auspices, et rétabli, par des prodiges de constance et de valeur, les anciennes limites de la Gaule transalpine;

Après avoir forcé l'ancien Éridan, le Tésin, l'Adda, le Tibre, l'Adige et le Nil même à couler sous nos lois;

Après avoir évoqué, comme du sein des mers où la perfidie plutôt que la valeur de nos ennemis l'avoit ensevelie, une marine nombreuse et formidable;

Après avoir osé concevoir, pour la gloire de sa patrie et la prospérité de son commerce, le grand et sublime projet d'étendre ses conquêtes aussi loin que celles du vainqueur de Darius, et jusqu'aux rives de l'Indus et du Gange;

Après avoir rendu à la France affoiblie par ses victoires, et à l'Europe épuisée par ses défaites, la paix qui leur étoit si nécessaire;

Après tant de services éclatans rendus à sa patrie, son héros et son bienfaiteur avoit encore à la consoler de la perte du plus cher et du plus précieux de tous ses biens, à protéger et à défendre sa religion, son culte et ses autels; à sauver de la plus violente persécution qu'elle eût encore éprouvée, l'église gallicane; à fermer les plaies sanglantes et mortelles qu'avoit reçu cette tendre, plaintive et inconsolable Rachel, que ses cruels ennemis avoient traînée jusqu'aux bords de l'abîme qui menaçoit de l'engloutir pour toujours.

Le besoin si urgent d'appaiser, pour l'affranchir de toutes ses angoisses et ses perplexités, les troubles qui l'agitent, devient le premier, comme le plus digne objet de son zèle toujours éclairé, toujours ardent et infatigable, et bientôt une sage conciliation avec le chef de cette chaste épouse de J. C., étouffe dans leur germe, et tarit dans leur source tous les maux qui l'affligent, et bientôt un sage traité, que lui inspire sans doute l'Ange tutélaire de l'église de France, replonge dans le néant, d'où tous les chrétiens doux et pacifiques que l'évangile appelle bienheureux souhaiteroient qu'elle ne fût jamais sortie, cette constitution civile, si funeste au repos de la cité, et dont les suites avoient été jusqu'alors si déplorables; cette loi nouvelle qui ne nous étoit pas nécessaire, dont la physionomie religieuse promettoit la renaissance des plus beaux jours du christianisme et des mœurs primitives de ses ministres, et qui fut cependant le signal de la guerre qui devoit les diviser, pour les détruire en les divisant, et les envelopper tous sous le même anathème et dans la même proscription.

Les mêmes semences de division, qui pulluloient si malheureusement au sein du clergé, avoient aussi partagé les opinions et les sentimens des fidèles, dont les uns étoient, comme autrefois ceux de Corinthe, à Apollon, les autres à Céphas, violant tous à leur insçu les plus pures maximes de la charité, qui nous prescrit sans doute de haïr l'erreur et l'égarement, mais sans jamais cesser d'aimer ceux qui s'égarent.

Qu'il fut doux et consolant pour les amis

vrais

vrais et sincères de la religion et de la patrie;
le moment où ces germes funestes de discordes
religieuses disparurent à la voix du zèle conci-
liateur du chef de l'église, heureusement réuni à
celui de l'état !

Qu'elle fut agréable et touchante l'époque tant
désirée où reparurent à nos yeux tous les symboles de la foi, que la rage de ses ennemis avoit
si long-tems détruits ou profanés ; où nous vimes
sortir enfin de leur triste et si long exil, tant de
ministres pieux et zélés, que l'orage de la persécution avoit dispersés dans des contrées étran-
gères ; où nous les vimes rentrer, en partageant
les transports d'un peuple fidèle, et pour n'y
chanter désormais que les louanges du Seigneur,
dans ces temples où des voix impies ne chantoient
plus que les hymnes impures de Babylone, et les
funestes triomphes de la raison humaine sur la
foi ! Qu'il est doux le souvenir de ce jour heureux
où se rouvrirent enfin pour eux et pour les
fidèles ces anciens asiles de la piété, où nous les
y vimes célébrer, avec la pompe et l'éclat qui
leur conviennent, nos plus adorables mystères ;
reproduire enfin à nos regards, avides de les
revoir après une si longue privation, ces augustes
cérémonies, ces rites si majestueux qui font de
l'église de la terre une image de celle du ciel,
en retraçant à nos yeux les tendres adorations,
et à nos oreilles les sublimes concerts dont les

anges et les élus font retentir sans cesse les parvis de la Jérusalem céleste, et le trône adorable de l'agneau.

O France, ma patrie, essuie donc tes larmes, Isaïe. et quitte tes habits de deuil ! *Exue te, filia Sion, stolâ luctûs tui et vexationis tuæ !* La religion de tes pères est sortie, comme l'astre du jour après un long orage, plus brillante et plus pure du sein du nuage qui l'avoit obscurcie. Les voies de la sainte Sion ont cessé de pleurer leur triste solitude : ses prêtres et ses lévites ne les arrosent plus que de larmes de joie. C'est pour en exprimer les tendres émotions, qu'ils ont repris la harpe de David si long-tems muette dans les temples du Dieu d'Israël ; que leurs voûtes sacrées retentissent tous les jours des sons harmonieux de cet instrument divin. Aussi ces fidèles Israélites, ces dignes enfans d'Aaron ne l'avoient-ils pas brisée : aussi n'avoient-ils fait que la suspendre aux saules du rivage, pour tenir leurs yeux élevés en haut, et vers les montagnes saintes d'où ils attendoient leur délivrance et leur libérateur.

Que de motifs pour toi de partager ces transports d'allégresse, ancienne patrie des fiers Tectosages, long-tems profanée, il est vrai, par les impures solennités d'une aveugle idolâtrie, mais depuis tant de siècles purifiée par le sang de tes Saturnins, et les sublimes vertus de tes

Exupères ! Hélas ! qui eût osé, avant le fléau dont il a plu à la divine justice d'affliger la France, qui eût osé te prédire que ton enceinte, si long-tems consacrée par les actes les plus éclatans de la plus tendre piété, seroit un jour de nouveau déshonorée et avilie par des cérémonies payennes ? Mais console-toi ; sèche les pleurs que tu as si long-tems versé, ou sur les ruines, ou à la vue et autour des portiques si tristement solitaires de la maison du Seigneur : tes jours de deuil vont cesser ; ils vont être changés en jours de fête. *Complebuntur dies luctûs tui, et tristitia tua vertetur in gaudium.* Isaïe.

Tes rues et tes places publiques, autrefois et si long-tems consacrées par le culte pompeux et solennel que tes pieux ancêtres se plaisoient à rendre aux précieuses, aux vénérables restes de tant de héros chrétiens qui distinguent si glorieusement le temple auguste où reposent celles du premier martyr et du premier apôtre de ta foi, tes rues et tes places publiques verront..... (vos anciennes miséricordes, ô mon Dieu, pour cette antique et pieuse cité, nous autorisent à nous livrer à cette douce attente) Tes rues et tes places publiques verront un jour sortir de leur obscurité, et reparoître avec les précieux ornemens dont la piété de nos pères les avoit enrichis, ces débris augustes des corps de tant de justes couronnés.

Plus heureuse que nous, la pieuse génération que nous espérons de voir naître de la lie même d'Israël, les verra portés encore en triomphe aux yeux de ses contemporains ; des saints cantiques chantés en leur honneur, expieront le crime, en effaçant le souvenir des chants follement républicains et irréligieusement patriotiques dont elles ont si long-tems retenti. Et que de gages précieux de cet heureux retour de la protection divine n'avons-nous pas reçu, dès l'heureux moment où nous avons joui de la douce consolation dont la piété de nos concitoyens avoit tant de besoin, de celle de voir enfin succéder, dans ces rues si long-tems profanées par les scènes les plus bisarres, et les plus monstrueuses apothéoses, les plus touchans spectacles de la religion et de la piété !

- Mais après avoir rendu la paix à l'église, et à la religion son ancien lustre et son premier éclat, il restoit au héros de la France à rétablir l'un et l'autre dans une vaste république long-tems ébranlée par les plus violentes secousses, long-tems en proie à tous les fléaux de l'anarchie, à tous les excès du despotisme bisarre qu'elle entraîne, à toute la démence du plus aveugle délire, qui, en provoquant à la fois les puissances les plus redoutables de l'Europe ; qui, en exposant ainsi la France à périr sous ses propres trophées, n'avoit pas même craint de l'armer contre elle-même, d'y reproduire les sanglantes proscriptions de Sylla ; de la couvrir de prisons et d'échafauds, comme pour épuiser le peu de sang qu'elle retenoit encore dans les veines de ses enfans.

Telle étoit la situation à jamais déplorable de notre patrie dans ces tems malheureux où elle en fut inondée, où la terreur des supplices étouffoit les sentimens les plus chers et les plus doux de la nature, où la douleur de ceux qui échappoient au glaive de nos tyrans étoit forcée d'être muette, et la pitié de paroître froide et indifférente : tel fut le triste et funeste résultat des ligues, des complots et des factions qu'on vit naître dans ces assemblées si bruyantes et si tumultueuses où le peuple, trop dépourvu de lumières pour juger sainement des siennes et pour connoître les bornes de sa capacité, osoit soumettre à son tribunal les questions les plus graves ; où ce peuple, si humble et si rampant quand il obéit, mais si fier et si terrible quand il commande, portoit, avec la licence de ses mœurs, celle qu'il croyoit attachée à sa souveraineté ; où des factieux subalternes, mais dont la fureur et l'audace étoient dirigées par des chefs éminemment audacieux, s'attaquoient par des clameurs injurieuses qui animoient la multitude, ou par des sarcasmes et des plaisanteries qui, en excitant des huées, étouffoient la voix des orateurs amis de leur patrie, qu'on y accusoit, avec l'orgueil d'une compassion dédaigneuse, de n'avoir pu arriver à la hauteur de la révolution française.

N'êtes-vous pas tentés, Messieurs, d'accuser de présomption celui qui ose entreprendre la ruine et l'extinction de ces sociétés qui, sous le nom de patriotiques, avoient si long-tems déchiré le sein de leur patrie, et qui avoient entraîné la masse presqu'entière du peuple français dans leur égarement ?

Ne vous semble-t-il pas plus que hardi, le projet de guérir en un moment tant de maux, de relever tant de ruines, de reconstruire sur des fondemens plus solides que les anciens, un vaste édifice chancelant et prêt à s'écrouler sur lui-même ; d'anéantir d'un seul mot, prononcé au nom de la loi par un chef puissant et révéré, toutes les causes de sa décadence, pour en prévenir la chute ; d'abattre d'un seul coup les sept têtes de l'hydre, dont les ravages avoient déjà été si multipliés et si funestes ? Le succès le plus prompt a cependant justifié la grande entreprise que lui avoit inspiré son zèle pour le repos de ses concitoyens, et toutes les semences de discorde ont disparu avec les sociétés turbulentes dont les harangues séditieuses les fomentoient.

Après avoir réconcilié les Français avec eux-mêmes, il lui restoit à les réconcilier avec toutes les nations de l'Europe qu'ils avoient humiliées, et c'est le fruit le plus doux qu'attend de ses exploits et de ses conquêtes un guerrier qui préfère à toutes les renommées celle de pacificateur.

L'histoire, qui a si long-tems reproché au héros de Carthage d'avoir su vaincre sans savoir user de la victoire, n'osera donc jamais adresser le même reproche à celui de la France : elle se plaira donc à transmettre à toutes les races futures qu'il en fit le plus noble et le plus digne usage ; qu'il n'en usa que pour éteindre chez toutes les nations voisines, le flambeau de la guerre ; que pour rendre à ces théâtres si long-tems ensanglantés par la fureur des combats, le doux calme de la paix.

Elle renaît promptement à la voix de la raison, de la justice et de l'humanité dont Napoléon fait retentir les cabinets de tous les ministres et la cour de tous les souverains. Leurs passions sanguinaires s'éteignent ; leur haine contre le peuple français s'appaise ; nos ennemis les plus acharnés deviennent nos admirateurs, et célèbrent avec des transports de joie leur réconciliation avec le peuple français. Les vents déchaînés qui ont excité sur l'horizon de l'Europe tant de tourmentes politiques, se calment enfin, et cessent d'y souffler le feu de la discorde.

Le père du peuple qui l'a nommé pour toujours son chef, ne sera donc désormais occupé que du soin de rendre ses enfans heureux : il va donc voguer avec sa famille chérie ; il va donc voguer paisiblement et avec sécurité sur une mer tranquille.

Mais la tempête est quelquefois voisine du calme le plus profond.

Un orage subit et formé dans un atmosphère toujours chargé de sombres nuages et de vapeurs malignes dirigées contre celui de la France, mais un orage, formé sur les bords fougueux de la Tamise, et au sein de cette trop fameuse Albion, aussi turbulente que l'élément qui l'environne, menace le vaisseau de la république française, et tente d'alarmer le pilote qui le conduit.

Jalouse de la sagesse qu'il montre et du succès qui l'accompagne, elle cherche à courroucer dans toutes les contrées de l'Europe les flots les plus capables de le submerger. Bassement irritée de voir le chef habile et infatigable d'un grand peuple si long-tems malheureux, constamment occupé du soin de le consoler de ses longues souffrances, de faire renaître dans son sein la religion et la morale, le commerce, les sciences et les arts, elle enfante, pour assouvir sa jalouse fureur, le noir projet de rallumer, au mépris de ses sermens les plus solennels, le flambeau de la guerre.

La triste nécessité d'en renouveler les horreurs afflige, mais sans l'étonner, un guerrier intrépide mais pacifique, et son génie, dont rien n'a pu jusqu'ici jusqu'ici surpasser les vastes conceptions, envisage, sans en être ému, cette agression inopinée d'un peuple puissant et assez injuste pour vouloir punir comme un crime le bien qu'il a déjà fait et qu'il médite encore pour la gloire et la prospérité de la France.

Son ami le plus tendre épuisera sans doute toutes les ressources de la douceur et de la modération pour éviter une guerre si funeste à ses projets toujours paternels. L'amour de l'humanité fera taire dans son cœur celui* de la gloire : l'ardent et sincère désir d'épargner le sang de ses peuples, triomphera encore une fois des plus justes ressentimens. Il proposera modestement la paix à ses ennemis les plus cruels et les plus perfides ; mais l'envie qu'inspire la soif des richesses, est une passion fougueuse et brutale qui n'écoute jamais les conseils de la sagesse, qui foule même aux pieds ceux que le seul instinct de la nature a donné aux animaux les plus féroces, qui respectent leur forme et leur figure dans ceux de leur espèce, qui ne s'entredéchirent pas dans les forêts et les antres qu'ils habitent.

. Il deviendra donc nécessaire que le génie de Napoléon s'exerce encore à enfanter une armée navale que des trahisons multipliées avoient livrée à la puissance dont la haine contre le peuple français fut toujours la plus envenimée, et qui l'avoit anéantie sans chercher la gloire de la combattre.

Constamment aidé du secours de cette providence inépuisable dans les richesses de sa puissance, comme dans celles de sa bonté, qui a toujours éclairé et soutenu son zèle, il opérera l'étonnante merveille d'une création si prompte et si nécessaire au salut de la France.

Des vaisseaux d'une construction nouvelle, et qui paroîtront s'élever à peine sur la surface des eaux, deviendront l'écueil d'une marine jusqu'alors redoutable à toutes les nations. Fiers d'une supériorité qui ne fut jamais celle du courage, nos ennemis nous opposeront en vain ces masses énormes et gigantesques qui, suspendues sur les abîmes des mers, bravent la fureur des vents et des tempêtes, qui récèlent dans leur sein tout ce que la rage la plus ingénieuse a pu inventer de plus destructeur et de plus meurtrier, qui, en imitant les bruyans éclats du tonnerre et l'action impétueuse de la foudre, vomissent au loin de leurs flancs entr'ouverts, comme les volcans de leurs cratères embrasés, l'épouvante et le trépas.

Réduits, malgré des moyens si nombreux et si puissans de nous foudroyer du haut de leurs citadelles flottantes, réduits à l'impuissance de nous décourager et au désespoir de nous vaincre, nos ennemis les plus cruels et les plus acharnés verront, selon l'expression du Roi prophète, leur iniquité retomber sur eux-mêmes, tarir, par une suite nécessaire de leur aveugle cupidité, les sources de leur opulence, et la terreur qu'ils vouloient nous inspirer s'emparer de leurs âmes.

Tremblans pour leurs propres foyers, mais toujours aveuglés par une haine envenimée et impuissante, ils se croiront enfin autorisés à ne nous opposer que les armes des lâches qui blessent toujours ceux qui ont le malheur de s'en servir. Devenus coupables à leurs propres yeux, ils ne pourront donc les lever au ciel que pour y voir prête à tomber sur leurs têtes, la foudre qui ne cesse jamais de gronder sur celles des coupables que leur conscience accuse et condamne avant d'être cités au tribunal suprême du souverain juge des peuples et des rois.

Mais l'Être souverainement juste et infiniment bon n'est pas moins le rémunérateur de la vertu que le vengeur du crime, et que d'actions de grâces ne devons-nous pas à la souveraine justice et à l'infinie bonté de ce tendre et généreux protecteur de la France, qui vient de la sauver elle-même, en couvrant de son égide un chef si nécessaire à sa prospérité; qui propice à nos vœux et touchée du cri de nos besoins, a dissipé les complots les plus affreux et le plus profondément médités pour lui ravir des jours si précieux pour elle ; qui a voulu que les cruels dangers dont ils ont été menacés ne servissent qu'à nous les rendre plus chers, qu'à mieux faire éclater notre amour.

En fut-il jamais de si digne objet qu'un souverain sans cesse animé du zèle le plus vif et le plus tendre pour le repos et le bonheur de son peuple, qui ne songe à se délasser des fatigues d'une longue guerre qu'en se livrant tout entier aux détails si pénibles et si multipliés de l'administration d'un vaste empire ; qu'un souverain dont le vaste génie guidé par la tendresse toujours ingénieuse quand elle est vraie et sincère, sait concilier, sans jamais se nuire et s'entre-heurter, les fonctions les plus disparates, que nous avons vu en même-tems occupé du soin de faire mouvoir à propos les armées et les flottes les plus nombreuses, de diriger leurs marches sur les points les plus importans et les plus menacés de l'immense étendue de nos côtes, sans détourner un instant ses regards de la moindre des opérations utiles ou nécessaires qu'exigeoient les besoins intérieurs de l'état, que nous avons vu y rétablir si sagement, et sans lui donner des commotions trop brusques et de violentes secousses, tout ce que la fureur des partis avoit ébranlé, détruit ou déplacé, y révivifier si promptement tout ce qu'un gouvernement si souvent inconsidéré, inepte ou passionné avoit frappé de mort, rappeler enfin par les plus sages institutions, et le choix des magistrats les plus amis du bon ordre et de la vertu, la décence des mœurs publiques dans une nation dégénérée, étonnée elle-même de sa dépravation, dans une nation que le renversement ou l'oubli de tous les principes religieux avoit plongée dans un abîme d'immortalité, dans une nation où le scandale n'avoit cessé que par l'universalité même de la corruption et du désordre, où le vice ne cherchoit plus les ténèbres, où il osoit se montrer au grand jour et se faire un trophée de ses excès les plus criants et les plus monstrueux, où la crainte de cette censure éloquente quoique muette qu'exerce la vertu par le langage de ses actions avoient disparu au premier signal d'une philosophie qui avoit franchi toutes les bornes de la raison et de la sagesse, d'une philosophie que ses étranges écarts avoient fait, pour ainsi dire, tomber en quenouille, dont les organes les plus hardis et les plus bruyans étoient ceux même à qui saint Paul a ordonné le plus expressément le silence et défendu de dogmatiser.

Les freins les plus puissans et les plus propres à réprimer la fougue des passions avoient donc été rompus par cette portion du genre humain qui en a le plus de besoin ; le sexe le plus foible mais qui influe le plus sur les mœurs nationales , le sexe autrefois le plus timide et le plus modeste, avoit oublié que la pudeur est le plus efficace çomme le plus innocent de tous les moyens de plaire, qu'elle seule captive les esprits et les cœurs , qu'elle seule perpétue la paix et le bonheur domestiques dont se compose le bonheur public. Les parures et les modes que ce sexe , presque toujours dominé par les sens et l'imagination, adoptoit, sans consulter ni la raison , ni la décence , ni le goût, et qui ne sembloient d'abord que ridicules, étoient les enseignes, les emblèmes et souvent le masque propice de la dissolution.

Cette moitié de l'espèce humaine que dans les siècles les moins purs on n'avoit accusée que de frivolité , en étoit devenue la plus dangereuse pour la morale civique que les législateurs, même païens, ont regardée comme le seul fondement solide des républiques.

Un danger si grave, un danger qui fixa l'attention des Lycurgues et des Solons n'échapera pas au génie observateur du Solon de la France : il se souviendra que le second roi de Rome ne rendit les femmes romaines chastes et honnêtes, qu'en les rendant religieuses; qu'un sexe qui n'a perdu l'estime de l'autre qu'en se dénaturant ne peut être incorrigible, qu'il peut être ramené à l'ordre naturel par des grands exemples, et qu'un législateur qui prêche la vertu par les siens, ne peut l'enseigner sans succès et sans fruit.

Telles sont, n'en doutons pas, les pensées salutaires, les réflexions sages et bienfaisantes qui occupent son esprit au milieu des courts loisirs que lui laissent l'importance et la multiplicité des grandes affaires qui s'agittent avec tant de profondeur, de secret et de mâturité dans l'enceinte de ce cabinet, où il faut qu'il pèse dans une si délicate et si juste balance, les plus grands intérêts de la France et de l'Europe.

Qu'il doit donc être pénible à un chef ainsi enflammé de l'amour de sa patrie de sortir d'une si laborieuse et si utile retraite ! aussi ne s'en éloigne-t-il que pour donner à l'objet unique de ses affections des nouveaux témoignages de son amour, que pour visiter avec la tendre sollicitude d'un père ses villes et ses provinces.

Ce n'est pas, comme le vulgaire des princes, pour y recevoir avec plus de pompe et d'éclat l'hommage de ses peuples, pour s'y délasser des fatigues ou des ennuis de la royauté ; c'est pour voir de ses propres yeux tous les maux qu'il doit et qu'il veut guérir, et ne pas se tromper dans le choix des remèdes les plus salutaires au malade, dont le salut est confié à ses lumières, à sa prudence et à son zèle.

Ses voyages, ses courses, ainsi que son repos apparent , n'ont jamais d'autre motif que celui de son empire, que d'y répandre des germes de vie et de santé, que d'y ramener la paix et l'abondance en y multipliant les moyens de les conserver ou de les acquérir.

C'est ainsi que l'image la plus noble des souverains, c'est ainsi que le flambeau de la nature ne se déplace à nos yeux que pour féconder par sa présence, tous les lieux que le souverain ordonnateur des mondes la chargé de parcourir.

Suivez-le, MM., en esprit avec moi dans toutes les grandes cités, dans tous les bourgs, dans tous les villages, dans tous les hameaux de cette riche et fertile province que nous avons vu rentrer avec tant de joie sous la domination française.

Ne cessez pas d'y obserser et d'y suivre les traces de ses pas, elles vous conduiront toujours aux ateliers où s'exerce sa plus utile industrie.

Ce n'est pas seulement pour fixer de camps aux armées qu'il destine à garantir ses côtes d'une invasion ennemie; ce n'est pas seulement pour veiller à sa sûreté déjà établie par sa vigilance, qu'il se dérobe si souvent aux témoignages si flatteurs de l'allégresse publique; c'est pour rendre par ses judicieuses observa-
tions

tions et la sagesse de ses conseils leur renommée avec leur ancien éclat à ses nombreuses manufactures si florissantes avant la triste époque où elles éprouvèrent les funestes suites de la guerre ; c'est pour y étudier les moyens de rendre plus facile et moins dispendieuse, en la rendant plus courte et plus rapide, la circulation de tous les fruits qu'elles produisent et de toutes les matières premières qu'elles emploient; c'est pour y multiplier ces rivières artificielles qui s'unissant au cours spontané de celles qui coulent sous les lois antiques de la nature, abrégent souvent les distances et facilitent toujours les transports et les communications entre les villes et les provinces d'un empire, qui concourent par conséquent avec tant d'efficacité au rétablissement ou au progrès de ce commerce tant et si long-temps négligé par nos ancêtres, mais enfin devenu la base de la politique actuelle de l'Europe ; de ce commerce réellement si nécessaire au soutien et à la prospérité des états, et dont l'absence ou la stagnation rendent toujours plus nuisible qu'utile à l'augmentation de leur richesse, l'abondance de leurs denrées et de leurs productions naturelles.

Mais les fonctions des souverains ne sont pas bornées aux soins de l'administration intérieure de leurs états et à leurs rapports avec les peuples soumis à leur domination ; ils ont encore des relations fréquentes et souvent nécessaires avec les autres peuples, et ce sont ces rapports qui constituent ce qu'on nomme la politique.

C'est aussi sous ce point de vue qu'ont brillé d'un si grand éclat les talens du héros de la France. De quelle pénétration, de quelle sagacité n'a-t-il pas eu besoin pour approfondir en si peu de temps cette science si vaste et si compliquée, qui a pour objet et pour fin de comparer les forces respectives des républiques et des empires, de discuter leurs divers intérêts, de démêler la cause de leurs rivalités et de leurs jalousies, d'étudier leurs prétentions pour les juger sans injustice et sans partialité, de percer le voile dont se couvrent leur ambition et leur cupidité, de suivre dans leurs détours obliques les démarches si souvent insidieuses de leurs ministres, et enfin de discerner et de connoître le caractère, les penchans, les mœurs, le génie des différens peuples et de ceux qui les gouvernent.

Heureuse Lombardie, tu recueilleras, comme la France, le fruit de tant de connoissances si précieuses, si rares et si utiles à la gloire et à la prospérité des états ! c'est le génie bienfaisant qui veille à ton bonheur, c'est ton ange tutélaire qui t'a inspiré le désir et la volonté de confier tes destinées à un nouveau Timoléon , qui , plus généreux , plus parfait que l'ancien , ne sera pas comme ce Corintien célèbre , une victime imparfaite du bien public , qui n'imitant pas son amour pour les douceurs et les agrémens d'une vie privée , t'immolera tous les instans de la sienne. Heureuse Lombardie ! tu proclameras tous les jours de ton existence par le seul spectacle de ton bonheur , que NAPOLÉON ne voulut être ton chef et ton législateur que pour devenir ton bienfaiteur et ton père !

Moins heureuse Helvétie ! tu ne t'empresseras pas de chercher un remède à tes maux dans la même confiance et le même abandon à la pureté de ses motifs et à l'intégrité de ses vues constamment paternelles !

Égarée par les conseils et les intrigues de tes ennemis et des nôtres , tu avois déjà cessé d'être cette nation si renommée par sa sagesse, qu'on vit si long-tems paisible au milieu des troubles qui ébranloient le reste de l'Europe , tu flottois alors au gré des partis et des factions dans un océan de doutes et de perplexités.

Quel autre génie que celui de BONAPARTE n'eût pas succombé sous l'accablant fardeau que lui imposoit un des intérêts les plus graves et les plus impérieux de la France, celui d'organiser sur des principes plus sages et sur des

fondemens plus solides que les anciens, l'existence politique d'une nation si voisine et dont
la paix intérieure importoit tant au repos de
la république française, d'une nation qui étoit
alors en proie à la plus effrayante anarchie.

Avec quelle dextérité n'a-t-il pas fallu manier
les armes de la persuasion pour ramener dans
les sentiers de la raison, de la justice et de
la vérité, un peuple dont les émissaires de la
perfide Albion avoient dépravé le caractère et
les mœurs primitives, pour soumettre au joug
des lois nouvelles plus uniformes et plus fédé-
ratives des hommes dont le plus grand nombre
ne peut juger de rien que par les conseils de
l'habitude, des hommes aveuglément jaloux
d'une indépendance que leurs anciens amis vouloient affermir, mais que des hommes simples
et peu capables d'embrasser, dans leurs conceptions bornées, l'histoire de l'avenir, croyoient
menacée par une constitution dont la phisio-
nomie ne leur offroit pas tous les traits de
l'ancienne.

Quelle savante et industrieuse diplomatie n'a-
t-il pas fallu déployer pour triompher des idées
fausses mais invétérées d'un peuple guidé par le
seul instinct de la coutume, pour le garantir,
sans alarmer son amour extrême pour la liberté
et comme à son insçu des troubles et des divi-
sions dont les états trop populaires couvent

toujours le germe dans leur sein, pour en faire, sans l'exposer à devenir notre esclave, un allié constant et un ami fidèle?

L'ancienne patrie des Bataves et des Frisons, ce sol le plus ingrat et le plus stérile de l'Europe, si long-tems habité par un peuple obscur qui l'avoit, pour ainsi dire, arraché du sein des eaux, cette terre sans cesse menacée d'y être engloutie, mais devenue en si peu de tems par son commerce et ses richesses, le plus beau monument de l'industrie humaine, étoit asservie et opprimée par un chef issu de la race de ses libérateurs, qu'une aveugle reconnoissance avoit investi d'un pouvoir trop grand et trop étendu pour être utile.

La Hollande affranchie en même-tems du joug des despotes qui régnoient sur elle par son propre choix et de celui des superbes tyrans des mers qu'elle n'avoit jamais pu jusqu'alors secouer, la Hollande retentira des mêmes éloges et des mêmes actions de grâces que la république helvétique, heureusement forcée d'accepter de la main de Napoléon le don si précieux du repos.

La foible Ligurie, désormais entourée d'alliés et d'amis puissans, n'aura plus rien à craindre que d'elle-même. La foible Ligurie, sans cesse exposée à devenir la proie de l'intérêt et de l'ambition de ses voisins ou la victime de ses propres dissensions, maintenant affranchie de tous ces dangers, ne cessera jamais de bénir le moment où elle a confié son salut au sauveur de la France.

Une bien plus vaste et plus puissante république, seul et unique reste de l'antique féodalité, une république composée d'une multitude de souverains indépendans et divisés par des prétentions rivales, réclamoit par des besoins plus pressans encore, le secours d'un médiateur puissant et respecté par l'étendue de ses lumières et par son intégrité, et ce médiateur seul capable d'appaiser des troubles qui pouvoient devenir sanglans, et ce médiateur si nécessaire à son repos étoit le héros qui l'avoit vaincue, s'il vouloit être son pacificateur.

Mais pour rendre efficace cette volonté magnanime, il étoit nécessaire de déployer tout ce que l'art de la négociation a de plus ingénieux et de plus subtil, tout ce que le raisonnnement a de plus convaincant et de plus persuasif, tout ce que l'éloquence a de plus touchant, puisqu'il falloit terminer, par le plus sage mélange de douceur et de fermeté, d'insinuations adroites de vigueur et d'autorité, des discussions qui avoient paru jusqu'alors interminables, puisqu'il falloit, pour les terminer, éclairer sur les vrais intérêts d'un grand empire, non une assemblée populaire qu'on entraîne si souvent

par la véhémence ou les charmes d'un discours ;
mais une assemblée nationale savante et nombreuse dont chaque membre avoit à soutenir
des droits presque toujours contradictoires, où
les chocs perpétuels de tant d'intérêts divers
et opposés sembloient devoir éterniser les dissensions et les querelles.

Quel a été cependant le résultat d'une entreprise si épineuse ? vous le savez, MM., l'Allemagne consolée par l'espoir de ne plus éprouver
que des orages passagers, l'Allemagne pacifiée
par les suppressions les plus sages et les plus
justes compensations sera tôt ou tard forcée de
convenir qu'elle doit aux soins bienfaisans et
généreux de Napoléon les sentimens les plus
vrais et les plus sincères d'admiration et de
reconnoissance.

Est-il en effet rien de plus admirable et de
plus touchant qu'un jeune guerrier dont l'intel-
ligence et le zèle supérieurs à toutes les difficultés embrassent avec sécurité et terminent
avec succès les affaires les plus graves, les
plus compliquées et les moins analogues aux
fonctions militaires qu'il a jusqu'alors exclusi-
vement exercées ? où en a-t-il donc puisé la
théorie et la pratique ?

Comment un homme qui n'a vu jusqu'ici
que camps et des armées s'est-il trouvé tout à
coup et sans la moindre étude préliminaire,

formé, non-seulement pour des portions isolées, mais pour le vaste ensemble de l'administration générale d'un grand état, pour saisir du même coup d'œil les intérêts politiques de l'Europe entière, et tous les rapports des différentes nations qui la composent, avec celle qui lui a confié le soin de son bonheur?

Dans quelle école a-t-il appris, en même tems que la science si difficile de la politique, celle qui seule a immortalisé les Suger et les d'Amboise, les Sulli et les Colbert, cette science économique, si étendue et si profonde qui ne se borne pas à un mécanisme d'ordre et d'inspection sur la fortune publique pour en réprimer l'abus et la déprédation, mais qui pénètre jusqu'à la source des richesses, les dirige, les augmente et les distribue sans prodigalité comme sans avarice, sans jamais les laisser s'écouler dans des canaux infidèles ou étrangers aux besoins réels de la grande famille de l'état, aux yeux de laquelle il s'est imposé le devoir d'en justifier l'emploi en le lui montrant dans un détail aussi pénible qu'il est exact et fidèle.

Horace s'étonnoit autrefois de voir le second empereur de Rome porter seul le fardeau du gouvernement de son empire. Quelle admiration n'eût-il fait éclater, quels éloges n'eût-il pas donné au génie et à la constante application du chef de l'empire français s'il l'eût vu

soutenir,

soutenir ; sans réclamer des secours étrangers , le poids accablant de travaux si multipliés , si continus et si disparates ?

Quelle peut donc être la source ; quel peut être l'aliment et le soutien de tant de force et de courage ! quel peut être le motif de tant de zèle ?

Ah ! les français ne l'ont jamais ignoré ni méconnu. C'est la noble passion de rendre la France paisible et florissante après l'avoir rendue victorieuse et ses peuples heureux : c'est la douce image de la félicité publique qui vient errer devant ses yeux, c'est elle qui charme les ennuis inséparables du gouvernement d'un vaste empire, c'est le noble désir et le doux espoir de se rendre heureux lui-même par la jouissance de notre bonheur qui lui fait dompter la nature et résister, malgré l'effervescence de l'âge, à la séduction de tous les plaisirs, à toutes les amorces de la volupté qui assiégent les avenues des cours et environnent sans cesse les trônes de tous les souverains. C'est une des merveilles de la Providence qui veille au repos des Français.

Consultez, MM., la doctrine et les maximes de la religion sainte que vous avez le bonheur de professer, et vous serez convaincus que son divin auteur est seul capable de lui inspirer cet amour exclusif du travail, cette avarice si honorable du tems et de toutes ses heures dont chacune porte en fuyant un nouveau tribut à la patrie, qui lui en fait tant dérober au repos si nécessaire après de si longs et de si pénibles travaux, qui l'engage à forcer la nuit de lui rendre tous les momens que les devoirs et les bienséances de son rang lui ont ravi pendant le jour.

Le prince dont le nom est un éloge, et qui mérita d'être surnommé *les délices du genre humain*, Titus perdit un de ces jours si précieux aux souverains bienfaisans : Bonaparte ne peut s'accuser d'en avoir perdu aucun ; il les a tous consacrés à la gloire et à la prospérité de la France.

Un des plus célèbres écrivains de l'ancienne Rome a dit, pour immortaliser le nom du plus illustre conquérant qu'elle ait produit, qu'il croyoit n'avoir rien fait quand il lui restoit quelque chose à faire, *nil actum reputans si quid superesset agendum.*

Qui a jamais mieux mérité que Napoléon I.er un éloge si ingénieux, si énergique, si sublime ? Il eût manqué quelque chose à sa gloire et à notre bonheur, si, après avoir été le défenseur intrépide de la France et le restaurateur de son culte, de son repos et de sa liberté, il eût négligé d'être encore son législateur ; s'il n'avoit conçu, s'il n'avoit exécuté une entreprise où les siècles passés virent échouer le génie des Harlai, des Séguier, des Talon, des Daguesseau, aidés des lumières de toutes les cours souveraines qu'ils avoient implorées.

Il lui restoit à opérer en faveur de la génération présente et des races futures, un genre de bien que nos pères avoient ardemment désiré, sans oser se livrer à l'espoir d'en jouir, celui de débrouiller le cahos de nos lois, de cet amas informe et grossier de coutumes arbitraires et locales, gothiques et barbares, dont le mélange avec les oracles des anciens jurisconsultes romains profanoit, pour ainsi dire, le magnifique résultat et la sublime quintessence de la sagesse humaine : et avec quelle ardeur, quelle promptitude et quel succès le nouveau législateur des Français n'a-t-il pas rempli le sens et toute l'étendue du titre de premier consul, dont il étoit alors revêtu ! *Videant consules ne quid respublicæ detrimenti capiat !*

Quelle tendre sollicitude, quel discernement n'a-t-il pas montré dans le choix de tant de Triboniens, de Dorothées et de Théophiles, de tant d'hommes éclairés et sages qui ont concouru sous ses auspices à la confection de ce code si lumineux et si nécessaire à la France ; à cette précieuse collection, à ce riche trésor de lumières, si propre à diriger les balances de la justice, et qui sera, pour tous les siècles futurs, un témoignage authentique de son zèle à remplir le plus sacré des devoirs et la plus noble de toutes les fonctions des rois.

C'est donc en vain que l'envie, toujours injuste parce qu'elle est toujours aveugle, voudroit le dépouiller du beau titre de Justinien de l'empire français : le souvenir du code Napoléon suffira seul pour le venger de cette injustice. Cet ample recueil des lois les plus sages et les plus adaptées à nos mœurs, sera un monument érigé à sa gloire, bien plus durable que ne peuvent l'être le marbre, le bronze et l'airain amollis et vivifiés par des mains savantes, et la sculpture pourra graver, sans crainte d'offenser la vérité, ces mots au pied de la statue que la reconnoissance publique lui a déjà consacré dans le temple de la justice :

EXEGI MONUMENTUM ÆRE PERENNIUS.

Je terminerai ce discours par où mes premières inclinations et mes plus longues habitudes me conseilloient de le commencer, par l'éloge que la France doit à son illustre chef, pour avoir si bien senti le prix et toute l'importance de ce ministère public si respectable, et néanmoins si peu respecté, dont osent même quelquefois parler avec un orgueilleux dédain l'ignorance et la frivolité; de ce ministère qui devroit être si précieux à toutes les classes de la société; de cet art si noble et si sublime par son objet, qui fait jaillir les premières étincelles de la raison ; qui développe ses premières conceptions et les premiers élans de l'âme ; qui donne la première forme et le premier pli aux caractères ; qui prépare les générations futures, et corrige, pour ainsi dire l'avenir ; qui tient dans ses mains tous les principes des mœurs, tous les germes de toutes les vertus religieuses, domestiques et civiles.

Son zèle pour favoriser le succès de l'éducation publique, m'invite à parler de celui qu'il a montré pour rétablir ou perfectionner ces sociétés savantes, qui avoient été jusqu'à la funeste époque qui remplit de deuil le temple d'Apollon et des Muses, qui avoient été si utiles au progrès des lettres, des sciences et des arts, qu'une rage aussi aveugle que celle des Goths et des Vandales avoit dispersées, et dont nous déplorerions aujourd'hui l'anéantissement, s'il ne les avoit arrachées des mains de l'ignorance et de la barbarie, s'il n'en étoit devenu le protecteur le plus tendre et le plus généreux.

Quelle protection fut jamais plus honorable pour celui qui se glorifie de l'accorder, et pour ceux qu'il a jugés dignes d'en jouir, que celle d'un prince savant et magnanime qui descend de la hauteur de son trône environné des trophées de la victoire, pour y mêler les guirlandes des beaux arts, et se confondre lui-même avec ceux qui les cultivent!

Quel plus beau spectacle que celui d'un souverain devenu le père de ses sujets, qui observe avec l'œil du génie les progrès de celui de ses enfans; qui le dirige, qui règle son essor, qui lui laisse toute sa fierté, sans rien abandonner à son audace; qui l'encourage, qui l'enflamme par des récompenses qu'ennoblit la main qui les donne; qui, à l'aide des plus puissans aiguillons, presse, si j'ose m'exprimer ainsi, la lumière d'éclore, et ne s'en saisit que pour la répandre sur la masse d'un grand peuple qu'il veut rendre plus grand, en le rendant plus éclairé, pour le rendre meilleur.

Le vif et tendre intérêt que nous l'avons vu montrer pour la culture des arts utiles qui ont été plus d'une fois les soutiens les plus puissans des empires, brille avec le même éclat en faveur des arts agréables qui les décorent. C'est un zèle éclairé pour tout ce qui contribue à la prospérité ou à la décoration d'un grand état, qui a produit cet empressement si louable d'exposer aux yeux du public les plus beaux monumens du savant ciseau, les chefs-d'œuvre du pinceau des plus célébres artistes de l'ancienne Grèce et de l'Italie moderne, qu'il regarde comme un des fruits les plus précieux de ses conquêtes, et qui offrent un spectacle si amusant, si agréable aux simples citoyens, et à ceux que la nature destine à imiter les ouvrages des grands maîtres de l'art, une école si instructive, si propre à développer les talens, si capable d'enflammer le génie.

Après avoir parcouru en esprit la carrière politique et militaire de Napoléon, ne suis-je pas en droit de demander à mes auditeurs ce qui lui reste à faire, et de quel titre il peut manquer encore pour régner sur les Français ?

Consulté par l'illustre père du chef plus illustre encore de la seconde race de nos rois, un de nos souverains pontifes répondit que celui qui exerçoit glorieusement depuis plusieurs années les fonctions de la royauté, méritoit l'auguste nom de roi.

Les Français du dix-neuvième siècle ont pensé, avec le pape Étienne, que, *pour ne pas renverser l'ordre que Dieu lui-même sembloit avoir établi*, ils devoient déférer la couronne au plus digne de la porter. Ils n'ont eu besoin d'interroger que leur respect pour les décrets de la divine providence, que les lois de la justice, celles de la reconnoissance et leur propre intérêt, pour faire monter sur le trône de Charlemagne un héros qui en a imité la valeur et atteint l'éclatante renommée, un héros qu'ils chérissent comme le vainqueur de tous leurs ennemis, comme leur législateur le plus sage, comme le restaurateur dé leur religion, de leurs arts, de leur commerce, de leur repos et de leur liberté.

Redevable de tant de biens à l'auguste chef qui le gouverne, le peuple français ne doit-il das se sentir pressé par la justice et la reconnoissance d'adresser au ciel pour lui les plus ferventes prières? Ne sera-ce pas lui adresser des vœux pour notre propre bonheur, que le supplier, par un tendre et religieux épanchement de nos cœurs, de lui accorder une longue suite de jours sereins et tranquilles, un règne paisible et florissant, qui soit celui de la religion et de toutes les vertus qu'elle inspire? Ne prierons-nous pas pour nous-mêmes, en sollicitant pour lui la grâce d'en être lui-même le modèle, et de ne jamais oublier que les exemples des rois sont presque toujours l'évangile du plus grand nombre de leurs sujets; la grâce de regarder comme le plus beau de ses titres celui d'*Empereur très-chrétien*, et comme son plus grand bonheur celui d'imiter le zèle de Clovis et de Clotilde, pour l'orthodoxie et la pureté de la foi; la tendre piété que saint Louis sut allier avec toutes les vertus politiques et guerrières, la bonté compatissante de celui de nos rois que ses contemporains et la postérité ont nommé le père du peuple. Celui qui l'est des peuples et des rois, celui que nous adorons comme le maître et le dispensateur de toutes les faveurs célestes, aura

comblé nos vœux et rempli nos espérances,
s'il accorde à Napoléon ce qu'il désire le plus
ardemment, la douce consolation de transmettre
à ses successeurs toutes ses qualités et toutes
ses vertus avec la gloire immortelle de son nom.

Nous avons déjà offert au Très - haut de
solennelles actions de grâces pour le don qu'il
nous a fait d'un empereur qui avoit été le sau‑
veur de l'empire avant d'en être le souverain.
Il ne nous reste qu'à supplier ce Dieu, dont la
bonté égale toujours la puissance, de nourrir
et de multiplier, par l'onction de son esprit,
celle qu'il vient de recevoir par les mains du
chef de l'église et du vicaire du Roi des rois;
de lui faire trouver dans cette consécration
religieuse et civique la source de toutes les
grâces et de toutes les bénédictions qui constituent les princes selon le cœur de Dieu; de le
rendre digne d'obtenir, après les victoires de
David, la paix de Salomon, et le don plus
précieux encore de n'en user que pour la gloire
et la prospérité de la religion et de la patrie.

A M E N.